나는 50문장으로 프레젠테이션한다

50문장영어 시리즈 ②
나는 50문장으로 영어프리젠테이션 한다

1판 1쇄 발행 2004년 9월 10일
2판 1쇄 발행 2007년 3월 24일
2판 13쇄 발행 2018년 2월 28일

지은이 스티브 정

발행인 양원석
본부장 김순미
해외저작권 황지현
제작 문태일
영업마케팅 최창규, 김용환, 정주호, 양정길, 신우섭, 이규진, 김보영, 임도진, 김양석

펴낸 곳 ㈜알에이치코리아
주소 서울시 금천구 가산디지털2로 53, 20층 (가산동, 한라시그마밸리)
편집문의 02-6443-8842 구입문의 02-6443-8838
홈페이지 http://rhk.co.kr
등록 2004년 1월 15일 제2-3726호

ⓒ스티브 정, 2004

ISBN 978-89-255-0748-4 (14740)
     978-89-255-0746-0 (set)

※ 두앤비컨텐츠는 ㈜알에이치코리아의 어학 전문 브랜드입니다.
※ 이 책은 ㈜알에이치코리아가 저작권자와의 계약에 따라 발행한 것이므로
   본사의 서면 허락 없이는 어떠한 형태나 수단으로도 이 책의 내용을 이용하지 못합니다.
※ 잘못된 책은 구입하신 서점에서 바꾸어 드립니다.
※ 책값은 뒤표지에 있습니다.

50문장영어 시리즈 ②

Presentation
나는 50문장으로 프레젠테이션한다

Steve Jung

스티브 정 지음

머리글
50문장이라도
정말로 사용하고 있습니까

필자는 지난 2003년 영어토론과 프레젠테이션에 관한 책 두 권을 펴냈다. 미국의 업무현장에서 실제로 쓰는 말들을 제대로 정리해주고 싶은 생각에서였는데, 욕심껏 표현을 담다 보니 실로 만만찮은 두께가 되고 말았다. 사전 못지않게 두툼한 그 책들을 꾸준히 찾고 또 교과서로 삼아준 독자들께는 언제나 감사하는 마음이지만, 마음 한편에는 늘 아쉬움이 가시지 않았다. 그런 두툼한 책들을 필요로 하는 분들 외에, 업무에 필요한 최소한의 영어를 자신있게 쓰지 못해 고통을 겪는 분들도 많다는 걸 수년간 EBS〈중급영어회화〉프로그램을 진행하면서 뼈저리게 느껴왔기 때문이다.

사실, 중급 이상의 영어실력을 가진 분들도 자신의 업무와 직접 관련된 용어나 표현을 빼면 막상 실무에 사용하는 영어문장의 수는 그리 많지 않다. 아무래도 현장에서 토론, 프레젠테이션, 인터뷰를 하거나 이메일을 쓸 때는 자신에게 가장 익숙한 문장만 튀어나오게 되기 때문이다. 그리고 그런 문장은 대부분, 초급자까지도 알고 있을 만큼 간단하면서도 실무의 뼈대가 되는 말들이다.

이는 뒤집어 말하면, 영어에 자신이 없는 분들도 그런 '뼈대문장' 몇 가지만 제대로 쓸 줄 알게 되면 웬만한 중급자 못지않게 영어 업무를 진행할 수 있다는 뜻이다. 필자가 오랜 고민 끝에 〈50문장영어〉 시리즈를 쓰게 된 이유도 여기에 있다.

〈50문장영어〉 시리즈는 토론과 프레젠테이션, 인터뷰, 이메일 등 4가지 분야를 놓고 그 뼈대가 되는 문장들을 각각 50개씩 선별하여 집중훈련할 수 있도록 구성한 책이다. 처음에는 필자도 오랜 관성 때문인지 '이렇게 적은 내용으로 책을 만들면 독자에게 미안하지 않을까' 하는 의구와 불안이 없지 않았지만, 막상 문장들을 추리고 그것들로 샘플을 만들어본 뒤에는 그런 통념이 깨끗이 지워졌다는 걸 고백한다. 결코 충분하진 않겠지만, 그것만으로도 얼마든지 목적을 달성할 수 있다는 확신이 들었기 때문이다.

모쪼록 이 얇고 가볍고 부담없는 책들이 '10문장, 아니 5문장이라도 제대로 쓰고 싶다'고 생각해온 분들의 손에 쥐어져, 그분들의 영어 스트레스를 깨끗이 풀어주고, 그 토대 위에서 영어의 세계를 즐겁게 넓혀나가는 출발점이 될 수 있기를 진심으로 소망한다.

2004년 초가을
스티브 정

구성과 특징

영어로 일하려면 많이 알아야 한다?
50문장이라도
잘 쓰는 사람이 이긴다!

당신이 정말 원했던 바로 그 50문장을 담았다

〈50문장영어〉 시리즈는 웰즈파고 은행과 메릴린치에서 근무했던 스티브 정 선생이 영어 비즈니스에 필요한 필수문장들을 엄선한 책이다. 토론, 프레젠테이션, 인터뷰, 메일 등 4개 분야별로 각각 50문장씩 선정하여, 적어도 그 문장만큼은 확실히 듣고, 말하고, 쓸 수 있도록 훈련시켜준다.

50문장만 잘 써도 영어업무가 두렵지 않다

이 책은 엄밀한 기준으로 선정된 50문장을 철저히 내 것으로 만드는 단 하나의 목적을 위해 만들어졌다. 이를 위해 학습과정을 극도로 단순화시켰으며, 일단 문장을 하나씩 이해한 후, 3번씩 바꿔 말하는 훈련만을 하도록 구성했다. 또, 카세트테이프에서도 같은 훈련을 다양한 방식으로 반복하도록 하여, 적어도 50문장만큼은 확실히 쓸 수 있게 했다.

뼈대는 이 책으로, 내용은 당신이 채워라

이 책에는 프레젠테이션을 하려면 가장 먼저 알아야 할 진행표현 14문장과, 프레젠테이션의 기본적인 내용을 영어로 설명할 수 있게 해주는 뼈대표현 26문장, 당장 회사소개를 할 경우 바로 쓸 수 있는 10문장이 3개의 Part에 걸쳐 담겨 있다. 당신의 회사, 당신의 업무에 맞는 구체적인 내용을 찾아쓸 수 있다면, 프레젠테이션에 필요한 문장은 이것으로 충분할 것이다. 본문 공부를 마친 뒤에는 50문장을 모두 수록한 〈메모리 카드〉와 카세트테이프를 활용하여 자주 반복학습하기 바란다(실제로 프레젠테이션을 할 때마다 복습하는 것도 좋은 방법이 될 것이다).

차례

PART 1 이거라도 알아두자
진행표현 14문장 13

01 안녕하십니까. 오늘 우리의 신제품을 소개하게 되어 기쁩니다.
02 제 이름은 John Walters이며, 제품디자인을 담당하고 있습니다.
03 좋은 해외배급자 선택시 필수사항을 네 가지 말씀드리겠습니다.
04 말씀드릴 내용은 크게 3가지입니다. 첫째 프로젝트 개요,
   둘째 재정적인 측면, 마지막으로 우리의 전망입니다.
05 이 프레젠테이션은 20분 정도 걸릴 것입니다.
06 도중에 질문이 있으면 언제라도 말씀해주십시오.
07 우리의 핵심사업을 간단히 개관하는 것으로 시작하겠습니다.
08 지금까지 이점들을 짚어보았고, 이제 비용문제를 살펴보겠습니다.
09 다음 장으로 넘어가겠습니다.
10 마지막으로 드릴 말씀은 생산량 증대에 관한 것입니다.
11 그 인수제안의 요점들을 간략히 정리해보겠습니다.
12 이것으로 프로젝트의 재정적인 측면을 마치겠습니다.
13 이야기를 마무리하기 전에, 우리의 지불구조에 대해 질문 있으십니까?
14 끝으로 다음과 같은 제안을 드리고 싶습니다.

PART 2 이 정도면 자신있다
뼈대표현 26문장 43

15 최신 보고서에 따르면, 우리는 자동차 시장의 25%를 점유하고 있습니다.
16 일본의 부동산 거품 붕괴가 그 좋은 예입니다.
17 전문가들은 원유가격이 배럴당 50달러에 이를 것으로 예측하고 있습니다.
18 그들의 서비스와 우리의 서비스를 비교해보면, 왜 우리가 더 나은지 알 수 있을 겁니다.
19 이 점에 대해 몇 가지 실제사실과 수치로 설명해보겠습니다.
20 스크린에 있는 파이차트를 봐주십시오.
21 이 그래프에서 보듯, 우리의 수익은 꾸준히 증가하고 있습니다.
22 오른쪽 막대그래프는 우리의 수출 총수입을 보여주고 있습니다.
23 세로선은 시장점유율을 나타내고, 가로선은 판매량을 나타냅니다.
24 다음 단계는 적합한 건축 부지를 찾는 것입니다.
25 그런데, 아마 이 프로젝트에 대한 기사를 보신 적이 있을 겁니다.
26 이 조사는 경영간부 5백 명의 인터뷰를 바탕으로 이루어졌습니다.
27 이 차트를 보면 우리의 주력시장을 알 수 있습니다.
28 반면, 그들의 맥주는 우리보다 맛이 훨씬 더 씁니다.
29 고객들의 반응이 어떤가에 따라, 우리가 택할 수 있는 단계들이 몇 가지 있습니다.
30 장소를 고를 때 고려해야 할 점이 세 가지 있습니다. 첫째 교통, 둘째 인건비, 셋째 지방세와 주세입니다.
31 통념과는 반대로, 우리는 우리 업계에서의 눈부신 성장을 기대하고 있습니다.
32 그들의 제품과 우리의 제품에는 많은 차이점이 있습니다.
33 다시 말해, 우리의 시장점유율 상승을 기대할 수 있다는 뜻입니다.
34 우린 이자의 변동에 세심한 주의를 기울여야 합니다.

35 결과적으로 우린 매년 25% 성장할 수 있었습니다.
36 우리는 수요가 몇 년 안에 50% 증가할 것으로 기대합니다.
37 남미로의 수출은 크게 감소할 것으로 전망됩니다.
38 우리의 농산품은 판매의 25%를 차지합니다.
39 놀랍게도 우리의 이익은 지난 10년간 매년 두 배 증가했습니다.
40 소비지출이 지난해에는 현저히 줄었습니다.

PART 3 나도 바로 할 수 있다
회사소개 10문장 97

41 우리는 아시아에서 손꼽히는 생화학제품 제조업체입니다.
42 Korea Tires는 1995년에 설립되었습니다.
43 우리는 영어교사 교육과 양성을 전문으로 합니다.
44 우리는 이 산업에 10년 넘게 종사해왔습니다.
45 K 법인은 최상급 품질의 최고급 여성용 제품을 제공하는 데 전념하고 있습니다.
46 Korea 그룹은 7개의 독립 계열사들로 이루어져 있습니다.
47 우리의 순이익은 2003년에 5억 7천 5백만 달러에 도달하여, 전년도 대비 45% 증가했습니다.
48 우리의 총수입은 매년 27%씩 신장될 것으로 기대됩니다.
49 Korea 그룹의 목표는 정상급 타이어 제조업체가 되는 것입니다.
50 우리는 조만간 북미시장에 진출할 계획입니다.

SPECIAL SAMPLE
50문장으로 프레젠테이션하기 119

✽ 50문장 메모리 카드

Pre-note

숫자 읽기

- **Korea Inc.'s business volume stood at $5,650,000 in 2004.**
  → five point six-five million dollars

  $520,090 → five hundred twenty thousand, ninety dollars

  $367,987,321 → three hundred sixty-seven million, nine hundred eighty-seven thousand, three hundred twenty-one dollars

  $3,456,000,000 → three point four-five-six billion dollars

  〉(,) 단위로 끊어 thousand, million, billion, trillion이라고 읽는다.

  5,000 → five thousand **5,000,000** → five million
  5,000,000,000 → five billion **5,000,000,000,000** → five trillion
  555,555,555,555,555 → five hundred fifty-five trillion, five hundred fifty-five billion, five hundred fifty-five million, five hundred fifty-five thousand, five hundred fifty-five

  〉million 이상에서 (,) 뒤에 0이 아닌 숫자가 1~3개 있을 때 (,)를 소수점인 것처럼 읽고 그 뒤에 million/billion/trillion을 붙인다.

  555,500,000 → five hundred fifty-five point five million
  555,555,000,000 → five hundred fifty-five point five-five-five billion

- **The unit cost is $ 2.25.** → two dollars and twenty-five cents
- **Our sales jumped 39.04%.** → thirty-nine point oh-four percent | oh를 zero라고 읽어도 됨
- **Ours is 5/6 the size of theirs.** → five sixths | 1/6이 5개 있는 셈이므로 뒤에 -s를 붙임
- **We hold 3/4 of the domestic market.** → three quarters | 1/4은 quarter, 1/2은 half
- **Our stock prices went up two folds.**
  = two times | 3, 4, 5… 배도 마찬가지로 folds 또는 times를 붙임
- **We had a two-fold increase in our sales.** → two-fold가 형용사로 쓰일 때 -s를 붙이지 않음
- **Our business tripled in five years.**
  → 3배가 되다 | 2배가 되다 : double / 4배가 되다 : quadruple

시각자료 읽기

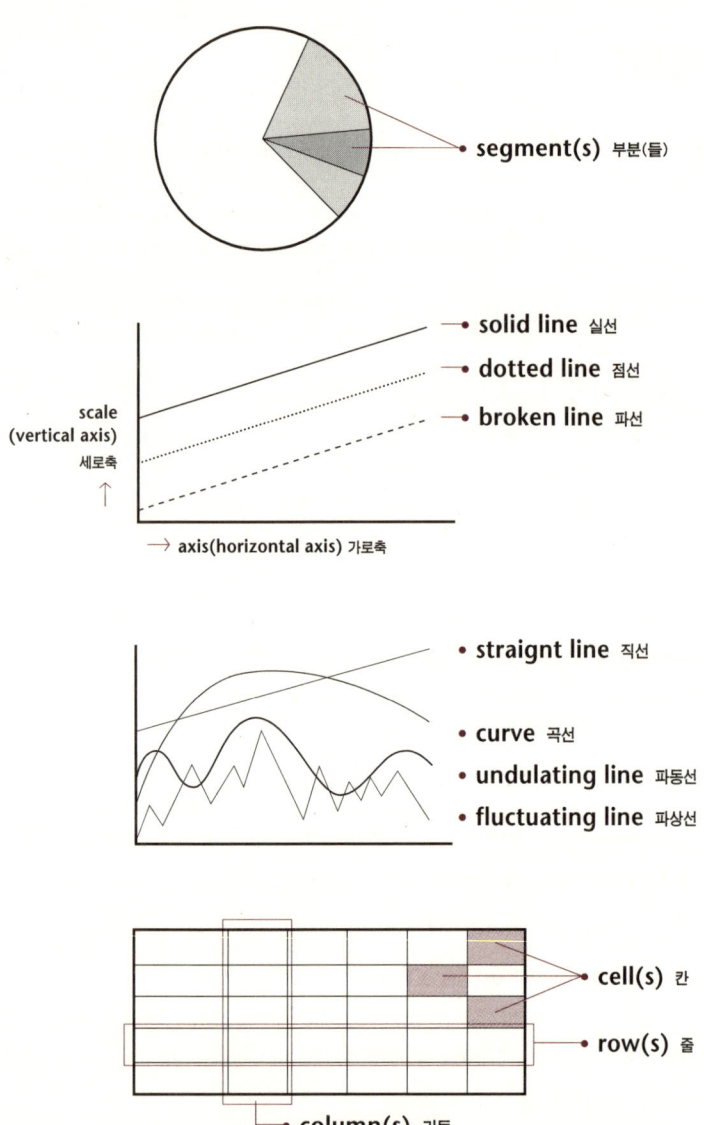

PART I

이거라도 알아두자 진행표현 14문장

01

안녕하십니까. 오늘 우리의 신제품을 소개하게 되어 기쁩니다.

Good afternoon. I'm delighted to introduce our new line of products today.

프레젠테이션을 시작할 때 인사말은 필수다. 발표하게 되어 기쁘다는 인사를 하는 것이 가장 일반적인데, 그러한 표현으로는 I'm delighted to ~, It is a great honor and pleasure to ~, I am honored to have the opportunity to ~, I am greatly honored yet deeply humbled to ~ 등이 있다.

앞서 누군가가 자신을 소개해줬을 경우엔 Thank you for the wonderful introduction, chairman Kim.이라고 그 사람에게도 감사의 인사를 전할 필요가 있다.

또 Thank you for taking time off your busy schedule to be here with us today.라는 말로 참석해준 것에 대해 감사를 표하는 것도 좋다.

- Good afternoon. I'm delighted to **speak in front of such distinguished guests.**

  안녕하십니까. 이렇게 귀빈 여러분 앞에서 연설하게 되어 기쁩니다.

- Good afternoon. I'm delighted to **give the opening address today.**

  안녕하십니까. 오늘 개회연설을 하게 되어 기쁩니다.

- Good afternoon. I'm delighted to **talk about increasing our profits today.**

  안녕하십니까. 오늘 우리의 수익증진에 대해 이야기하게 되어 기쁩니다.

---

distinguished 유명한, 저명한　**opening address** 개회연설 (cf. closing address 폐회연설)
profit 이익, 수익

02

제 이름은 John Walters이며, 제품디자인을 담당하고 있습니다.

My name is John Walters, and I'm in charge of product design.

프레젠테이션의 도입부에서 자신을 소개할 때 쓰는 표현이다. I'm in charge of 뒤엔 the marketing department, finance, XYZ project 등 자신이 속해 있는 부서나 직무를 말하면 된다. I'm in charge of ~와 같은 뜻으로 I'm responsible for ~란 표현도 자주 쓰니 알아두자. 어디에 근무하고 있는지를 말할 땐 I work for S Inc.(주식회사 S에 근무합니다.)이라고 하면 된다.

참고로, 직책(직위)이 무엇인지를 밝히고자 할 땐 간단히 I'm the Marketing manager for S Inc.(저는 주식회사 S의 영업부장입니다.)라고 표현한다.

- **My name is Kelly Harris, and I'm in charge of the overseas marketing department.**
  제 이름은 Kelly Harris이며, 해외마케팅부를 담당하고 있습니다.

- **My name is David Kim, and I'm in charge of running this exhibition.**
  제 이름은 David Kim이며, 이번 전시회 진행을 담당하고 있습니다.

- **My name is Mi-sun Lee, and I'm in charge of the special project team at S Motors.**
  제 이름은 Mi-sun Lee이며, S Motors에서 특별프로젝트팀을 담당하고 있습니다.

---

overseas 해외, 외국   **run** 운영하다, 진행하다   **exhibition** 전시회

03

좋은 해외배급자 선택시 필수사항을 네 가지 말씀드리겠습니다.

Let me explain the four musts of choosing a good overseas distributor.

프레젠테이션의 도입부나 각 단계의 시작 부분에서 주제를 밝힐 때 쓸 수 있는 표현이다. **I'm going to inform you about ~**, **I'd like to talk about ~**, **We are going to look at ~** 등도 자주 사용되는 표현들이다. **explain** 뒤에는 주로 명사가 나오며, 가끔은 **how**나 **what** 으로 시작하여 구체적인 방법에 대해 언급할 수도 있다.

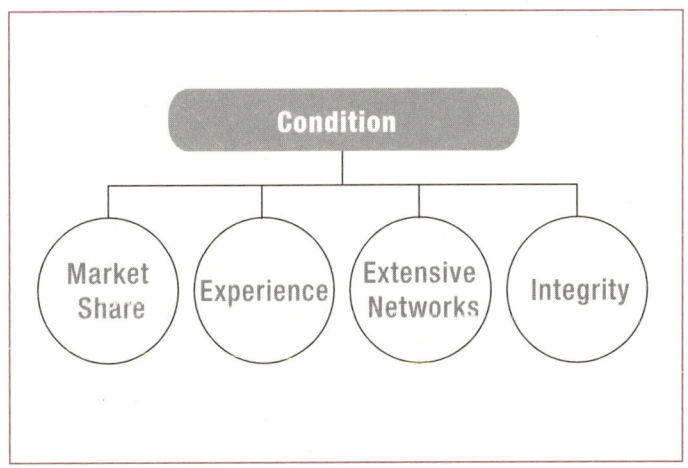

- **Let me explain** the three most important factors in motivating your employees.
  직원들에게 동기부여하는 데 있어 가장 중요한 요소 세 가지를 말씀드리겠습니다.

- **Let me explain** how we are planning to get the funding for the project.
  우리가 이 프로젝트를 위해 자금조달을 어떻게 계획하고 있는지 말씀드리겠습니다.

- **Let me explain** what this new law means in terms of our bottom line.
  이 새로운 법이 우리의 순익면에서 무얼 의미하는지 말씀드리겠습니다.

must 필수사항 **distributor** 배급자, 판매자 **motivate** 동기부여하다 **funding** 자금제공, 융자 **in terms of** ~에 의하여, ~의 견지에서 **bottom line** 총이윤, 순익 (기업이 작성한 결산보고의 마지막 숫자에서 유래함)

04

말씀드릴 내용은 크게 3가지입니다. 첫째 프로젝트 개요, 둘째 재정적인 측면, 마지막으로 우리의 전망입니다.

**I've divided my talk into three parts;
First, the overview of the project,
then the financial aspects,
and finally our projections.**

프레젠테이션이 어떤 식으로 진행될지 개요를 밝히는 표현이다. 같은 뜻으로 **My presentation will describe three stage of ~, My talk will be in three parts.**를 쓰기도 한다. **talk** 대신 쓸 수 있는 것으로는 **presentation, demonstration, overview** 등이 있다.

Contents

1. Overview
2. Financials
3. Projections

- I've divided my talk into three parts; First, **how polluted our air is,** then **what we can do to clean it,** and finally **the cost factors.**

  말씀드릴 내용은 크게 3가지입니다. 첫째 우리의 대기가 얼마나 오염돼 있는가, 둘째 대기를 정화하기 위해 우리가 무엇을 할 수 있는가, 마지막으로 비용 측면이 되겠습니다.

- I've divided my talk into three parts; First, **the market potential,** then **the market leaders,** and finally **our strategy.**

  말씀드릴 내용은 크게 3가지입니다. 첫째 시장잠재력, 둘째 시장선도자들, 마지막으로 우리의 전략입니다.

- I've divided my talk into three parts; First, **the development stage,** then **the growth stage,** and finally **the maturity stage.**

  말씀드릴 내용은 크게 3가지입니다. 첫째 **발전단계**, 둘째 **성장단계**, 마지막으로 **성숙단계**입니다.

---

overview 개요 **aspect** 상황, 측면 **projection** 예측, 추산 **polluted** 오염된
potential 가능성, 잠재력 **strategy** 전략 **maturity** 성숙, 완성

05

이 프레젠테이션은 20분 정도 걸릴 것입니다.

This presentation will take about 20 minutes.

자기소개와 주제, 개요를 밝힌 후엔, 본격적인 내용으로 들어가기에 앞서 프레젠테이션의 길이(예상소요시간)에 대해 언급해주는 것이 좋다. 같은 뜻으로 **I shall only take ~ of your time.** 또는 **This should only last ~.** 등을 쓰기도 한다.

중간에 쉬는 시간이나 점심시간이 있음을 알리려면, **There will be a ~ break in the middle.** 또는 **We'll stop for a break/lunch at ~**이라고 말하면 된다.

간략한 프레젠테이션일 경우엔 **I plan to be brief.**(짧게 하겠습니다.)라는 표현으로 시간안내를 대신할 수도 있다.

- **This presentation will take about an hour.**
  이 프레젠테이션은 1시간 정도 걸릴 것입니다.

- **This presentation will take half an hour.**
  이 프레젠테이션은 30분이 걸릴 것입니다.

- **This presentation will take two hours.**
  이 프레젠테이션은 2시간이 걸릴 것입니다.

take (시간이) 걸리다 (cf. take 대신 go on, last도 자주 사용됨)
half an hour 30분 (cf. an hour and a half 1시간 반)

06

도중에 질문이 있으면 언제라도 말씀해주십시오.

Please interrupt me at any time if you have any questions.

프레젠테이션을 하는 도중에 질문이 있거나 이해되지 않는 부분이 있을 때 말해달라고 일러주는 표현이다. **Please interrupt me at any time** 뒤엔 각 상황에 따라 **if you don't understand anything, if you are not sure about something, if you need further clarification, if you want me to go over something** 등의 표현을 붙여서 말한다.

한편, 프레젠테이션이 끝난 후에 질문을 받겠다고 할 땐 **I'd be glad to answer any questions at the end of my talk.**(이야기가 끝나고 나면 어떤 질문이라도 받겠습니다.) 또는 **After my talk there'll be time for a discussion and any questions.**(제 얘기가 끝나고 나면 토론과 질의응답 시간이 있겠습니다.)라고 말하면 된다.

- **Please interrupt me at any time if you're not clear about something.**

  도중에 잘 이해되지 않는 부분이 있으면 언제라도 말씀해주십시오.

- **Please interrupt me at any time if you need further clarification.**

  도중에 보충설명이 필요하면 언제라도 말씀해주십시오.

- **Please interrupt me at any time if you are not sure about something.**

  도중에 석연치 않은 점이 있으면 언제라도 말씀해주십시오.

---

further 추가적인 (= additional)　**clarification** 해명, 설명

07

우리의 핵심사업을 간단히 개관하는 것으로 시작하겠습니다.

I'm going to start with a brief overview of our core business.

프레젠테이션의 도입부가 끝나고 본론에 들어가면서, 맨 처음 이야기를 꺼낼 때 쓸 수 있는 표현이다. 비슷한 표현으로는 **Let's start with ~**, **Let's look at ~ first.** 나 **To begin with ~**, **I'm going to ~**, **First, I want to talk about ~** 등이 있다.

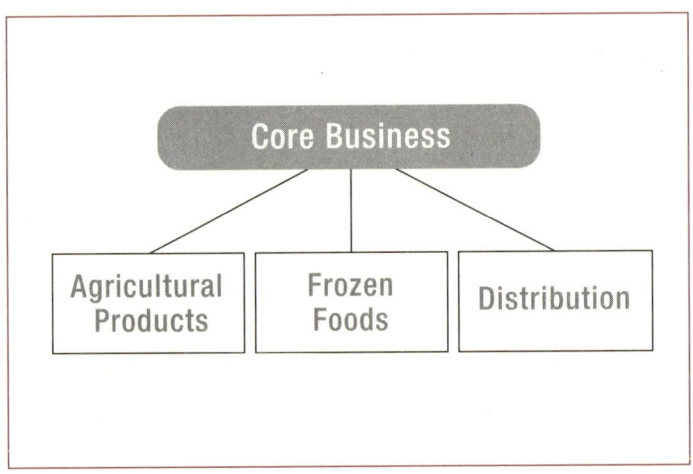

- **I'm going to start with** the history of our company.
  우리 회사의 연혁으로 시작하겠습니다.

- **I'm going to start with** the final candidates for the new factory site.
  새 공장부지의 최종 후보지들에 대한 이야기로 시작하겠습니다.

- **I'm going to start with** introducing our current online services.
  우리의 현행 온라인 서비스를 소개하는 것으로 시작하겠습니다.

candidate 후보 **site** 장소, 부지 **current** 현재의

08

지금까지 이점들을 짚어보았고, 이제 비용문제를 살펴보겠습니다.

Now that we've covered the advantages, let's move on to expenses.

새로운 주제로 넘어가기에 앞서, 방금 다루었던 주제를 요약해서 언급할 때 쓰는 표현이다. **Before we move on to my next topic, ~**이라는 말도 자주 사용하는데, 이 말 뒤에는 **let's talk about ~** 등 반드시 새로운 주제를 소개하는 표현이 나와야 한다.

Advantages
Brand Identity
Cutting Edge Technology
Price Competitiveness

- Now that we've covered the money matter, why don't we talk about possible sites?
  지금까지 금전문제를 짚어보았고, 이제 후보지에 관해 논의해볼까요?

- Now that we've covered reasons for the expansion, let's talk about specific product lines.
  지금까지 확장 이유를 짚어보았고, 이제 구체적인 상품들에 관해 논의해봅시다.

- Now that we've covered the first phase of the marketing campaign, why don't we move on to the next phase?
  지금까지 마케팅 캠페인의 첫 단계를 짚어보았고, 이제 다음 단계로 넘어가볼까요?

cover ~를 다루다, 강의하다　advantage 이점, 장점　expansion 확장

09

다음 장으로 넘어가겠습니다.

Let's move on to the next part.

하나의 주제를 마치고 다음 주제로 넘어갈 때 필요한 연결표현이다. 특별히 내용을 담고 있는 말은 아니지만 이런 식의 연결표현을 잘 갖추고 있으면 프레젠테이션을 한결 자연스럽게 진행할 수 있다. 비슷한 표현으로는 **So, let's now turn to ~**이나 **Moving on ~, That brings me to ~** 또는 **Now, let me elaborate on ~** 등이 있다.

Mission

- Provide Top-line Snowboards
- Provide Top-line Clothing
- Provide Highest Customer Service

- **Let's move on to the next issue.**
  다음 사안으로 넘어가겠습니다.

- **Let's move on to the next topic.**
  다음 주제로 넘어가겠습니다.

- **Let's move on to the next graph.**
  다음 그래프로 넘어가겠습니다.

issue 시사적인 논쟁거리, 논점이 되는 주제 (cf. subject 토론이나 저술의 대상이 되는 소재, topic 세부적인 화제, theme 토론이나 저술의 주제)

10

마지막으로 드릴 말씀은 생산량 증대에 관한 것입니다.

My final topic is on increasing output.

마지막 주제를 제시할 때 자주 쓰는 표현이다. 프레젠테이션은 발표자가 청중에게 일방적으로 말을 전하는 형식이기에, 무엇에 관해 말하고 있는 건지 그때그때 짚어줌으로써 청중의 주의를 환기시킬 필요가 있다. 비슷한 표현으로 My final topic this morning has to do with ~, So now we've finally come to the last part of ~ 등이 있다.

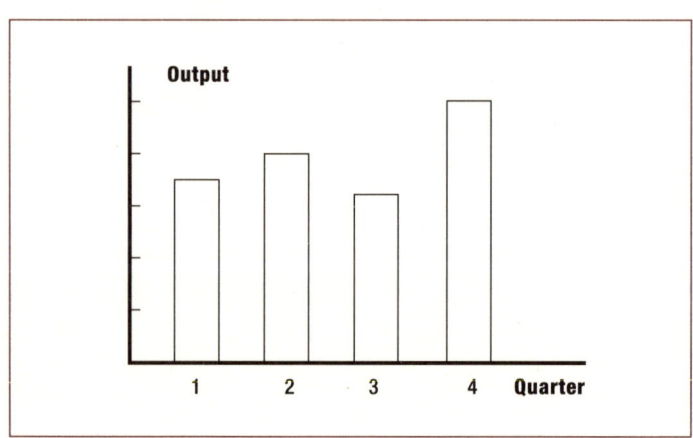

- **My final topic is on how to become a real leader.**

  마지막으로 드릴 말씀은 진정한 리더가 되는 방법에 관한 것입니다.

- **My final topic is on what we can do to motivate ourselves.**

  마지막으로 드릴 말씀은 스스로에게 동기부여를 하기 위해 무엇을 할 수 있는가에 관한 것입니다.

- **My final topic is on converting our existing system to a new one.**

  마지막으로 드릴 말씀은 우리의 현행 시스템을 새것으로 전환하는 일에 관한 것입니다.

---

output 생산, 생산량 **convert** ~을 전환하다, 변환하다 **existing** 지금의, 현존하는

11

그 인수제안의 요점들을 간략히 정리해보겠습니다.

I'll briefly summarize the main points of the takeover offer.

주제를 일단락지을 때, 또는 프레젠테이션을 마치기 전에 사용할 수 있는 표현이다. **summarize** 뒤에는 **The first/second part of my presentation**과 같은 말을 하거나, 본론에서 다루었던 구체적 대상을 언급하면 된다. 유사표현으로는 **That completes ~, That concludes ~, So that covers ~** 등이 있다.

The Main Points
- Synergy Effect
- Cost Savings
- Market Leader

- **I'll briefly summarize** the three phases of our plan again.

  우리 계획의 3단계를 다시 간략히 정리해보겠습니다.

- **I'll briefly summarize** what this means to all of us.

  이것이 우리 모두에게 어떤 의미가 있는지 간략히 정리해보겠습니다.

- **I'll briefly summarize** the advantages of our products again.

  우리 제품의 이점들을 다시 간략히 정리해보겠습니다.

takeover 인수, 인계 **phase** 단계, 국면

12

이것으로 프로젝트의 재정적인 측면을 마치겠습니다.

So that concludes the financial aspects of the project.

각 주제 또는 전체 프레젠테이션의 끝에 이 표현을 써서 프레젠테이션이 끝났음을 알릴 수 있다. **concludes** 뒤에는 **the presentation on ~** 또는 **my presentation on ~** 을 쓰는 것이 가장 일반적이다.

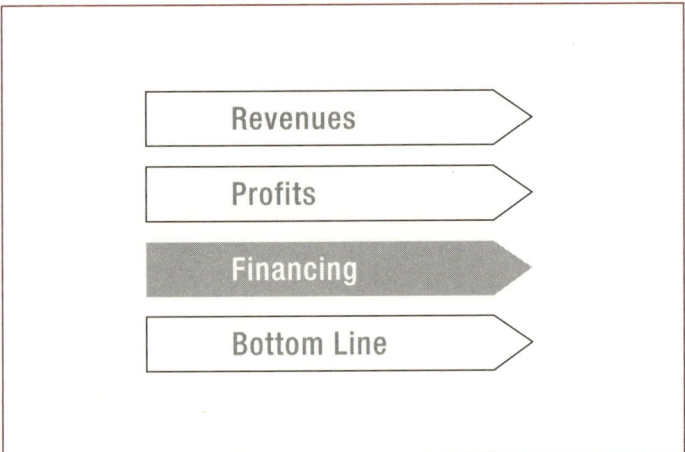

- **So that concludes my demonstration of our new network management software.**
  이것으로 우리의 새로운 네트워크 관리소프트웨어 시연회를 마치겠습니다.

- **So that concludes my presentation on improving our bottom line.**
  이것으로 우리의 순익 신장에 관한 프레젠테이션을 마치겠습니다.

- **So that concludes my talk on why we need to restructure this organization.**
  이것으로 왜 이 조직을 개편해야 하는가에 대한 얘기를 마치겠습니다.

---

demonstration 시연회　**restructure** ~을 개조하다, 개편하다

13

이야기를 마무리하기 전에, **우리의 지불구조**에 대해 질문 있으십니까?

Before I wrap up my talk, are there any questions about our payment structure?

프레젠테이션이 끝났을 때 질문을 유도하는 표현이다. 하나의 주제가 끝났을 때라면 **Before I wrap up the first part of my talk, are there any questions about ~**이라고 말하면 된다. 비슷한 표현으로 **Before leaving the subject of ~, are there any questions about ~**이 있다.

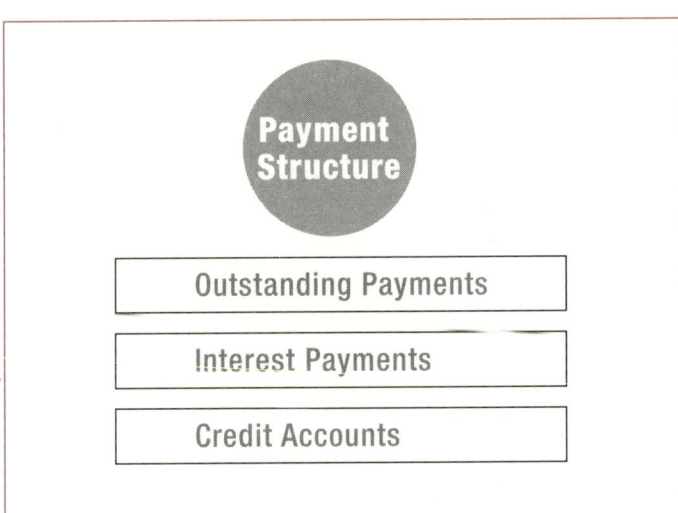

- Before I wrap up my talk, are there any questions about **the special features?**

  이야기를 마무리하기 전에, **특징**에 대해 질문 있으십니까?

- Before I wrap up my talk, are there any questions about **our payment plan?**

  이야기를 마무리하기 전에, **우리의 지불계획**에 대해 질문 있으십니까?

- Before I wrap up my talk, are there any questions about **financing arrangements?**

  이야기를 마무리하기 전에, **자금조달**에 대해 질문 있으십니까?

payment 지불 **features** 특징, 특색 **arrangement** (~s) 협정, 합의, 제도

14

끝으로 다음과 같은 제안을 드리고 싶습니다.

In closing, I would like to propose the following.

프레젠테이션을 마치고 끝으로 청중에게 중요한 당부(권고, 제안)의 말을 전할 때 쓰는 표현이다. **In closing** 대신 **Before I finish**(마치기 전에), **Last but not least**(끝으로 중요한 말씀을 드리자면)를 쓸 수도 있다. **I would like to** 뒤엔 동사원형을 써야 하며, **propose** 외에 **suggest, urge, thank, give, beg, insist, recommend, plead, encourage, persuade** 등을 쓰기도 한다.

1	Take Action
2	Spread the World
3	It's our Mission

- **In closing, I would like to give you something to think about.**

  끝으로 한 가지 생각해보시길 부탁드리고 싶습니다.

- **In closing, I would like to urge everyone to do their best.**

  끝으로 여러분 모두가 최선을 다할 것을 거듭 부탁드리고 싶습니다.

- **In closing, I would like to thank all of you for the best year in our company's history.**

  끝으로 올해를 우리 회사 역사상 최고의 해로 만들어주신 여러분 모두에게 감사드리고 싶습니다.

propose 제안하다 **urge** ~을 재촉하다, 권하다, 격려하다, 거듭 간청하다

PART 2

이 정도면 자신있다 뼈대표현 26문장

15

최신보고서에 **따르면**, 우리는 자동차시장의 25%를 점유하고 있습니다.

According to the latest reports, we hold 25% of the auto market.

주장의 근거로 활용하기에 좋은 '인용'의 표현이다. **to** 뒤엔 주로 **the latest survey, the latest study, the latest research, the latest analysis, the latest forecast** 등을 쓴다. According to Bill Gates ~처럼 어떤 분야의 전문가 또는 저명한 사람의 말을 인용하기도 한다.

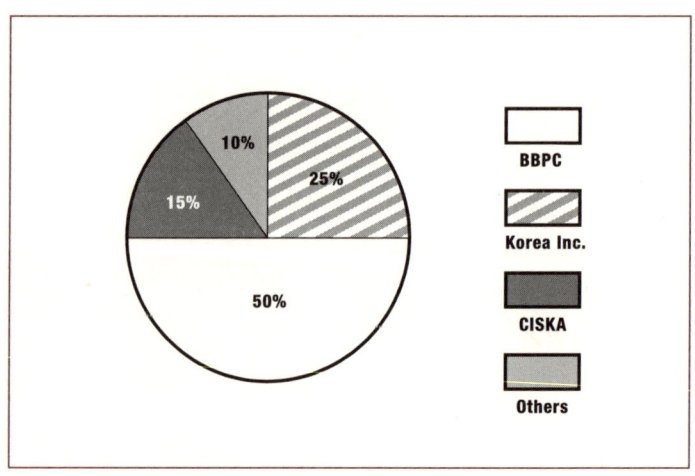

- **According to** experts, oil reserves will be depleted in 30 years.
  전문가들에 따르면, 원유 매장량은 30년 후에 고갈될 것입니다.

- **According to** the latest survey, consumers are planning to spend more money.
  최근 조사에 따르면, 소비자들은 더 많이 지출할 계획입니다.

- **According to** our clinical tests, this is the most effective medication available today.
  우리의 임상실험에 따르면, 이것은 오늘날 가장 효과적인 약물입니다.

reserve 비축, 예비   deplete ~을 감소시키다, 비우다   survey 설문조사
medication 의약, 약물

16

일본의 부동산 거품 붕괴가 그 좋은 예입니다.

A good example of that is Japan's real estate bubble bursting.

예를 들 때 가장 많이 쓰는 표현이다. **For instance**도 자주 사용되며, 추가적인 예를 들 때는 **Another example is** ~라고 한다. 비슷한 표현으로 **A good case in point is** ~, **A good illustration of that is** ~가 있다.

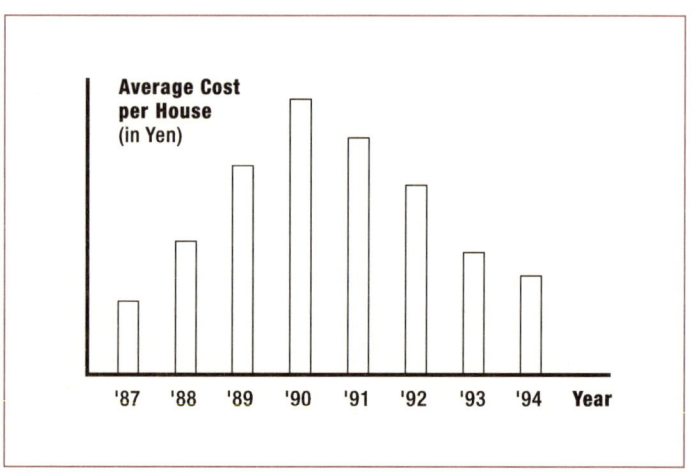

- **A good example of that is the merger between City Corp. and Travellers.**
  City법인과 Travellers 간의 합병이 그 좋은 예입니다.

- **A good example of that is Addada's ad campaign using world-class athletes.**
  세계적인 운동선수들을 기용한 Addada의 광고캠페인이 그 좋은 예입니다.

- **A good example of that is M. Corp. in Singapore.**
  싱가포르에 있는 M법인이 그 좋은 예입니다.

burst 파열하다, 폭발하다, 붕괴하다   **merger** 합병   **athlete** 운동선수

17

전문가들은 원유가격이 배럴당 50달러에 이를 것으로 예측하고 있습니다.

Experts estimate that crude oil prices could reach $50 a barrel.

특정인의 말 또는 자료의 내용을 인용할 때 쓰는 표현이다. **Experts** 자리에는 **Report, Article** 등이 올 수 있으며, **estimate** 대신 **claim, forecast, predict, expect, are certain, see, think, believe** 등도 쓸 수 있다.

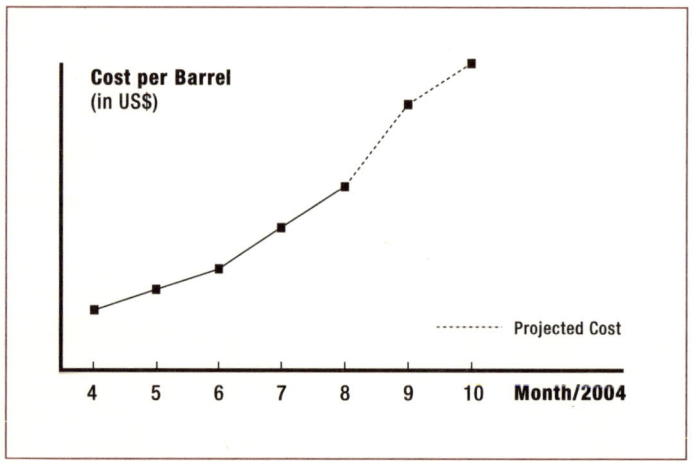

- **Experts estimate that** 70% of our population will be over the age of 65 within 10 years.
  전문가들은 10년 내에 우리 인구의 70%가 65세 이상이 될 것으로 예측하고 있습니다.

- **Experts estimate that** average temperatures will rise 3 degrees Celsius in this region.
  전문가들은 이 지역 평균기온이 섭씨 3도 오를 것으로 예측하고 있습니다.

- **Experts estimate that** it would take at least 25 years for the burned forest to recover.
  전문가들은 불타버린 산림이 회복되려면 적어도 25년이 걸릴 것으로 예측하고 있습니다.

crude 가공하지 않은 **barrel** 배럴 (원유의 양을 나타내는 단위)
Celsius 섭씨 (cf. Fahrenheit 화씨)

18

그들의 서비스와 우리의 서비스를 비교해보면, 왜 우리가 더 나은지 알 수 있을 겁니다.

If you compare their services and ours, you can see why we're better.

프레젠테이션을 하다 보면, 두 가지를 서로 비교해야 하는 상황을 많이 만나게 된다. 비슷한 표현으로는 The main difference between A and B is ~, A and B are different in ~ 등이 있다.

Service Comparison

	Korea Inc.	XYZ
Innovation	○	△
Satisfaction	○	△
Refund	○	○

- **If you compare** their company culture **and** ours, **you can see** many similarities.

  그들의 기업문화와 우리의 기업문화를 비교해보면, 많은 유사점이 있음을 알 수 있을 겁니다.

- **If you compare** this shade of blue **and** that shade of blue, **you can see** a clear difference.

  이 블루 색조와 저 블루 색조를 비교해보면, 확실한 차이를 알 수 있을 겁니다.

- **If you compare** our fabric **and** theirs, **you can see** how much lighter ours is.

  우리의 직물과 그들의 직물을 비교해보면, 우리의 것이 얼마나 더 가벼운지 알 수 있을 겁니다.

---

shade 색의 농도 **similarity** 유사점 **fabric** 직물, 옷감

19

이 점에 대해 몇 가지 실제사실과 수치로 설명해보겠습니다.

Let me illustrate this point with some hard facts and figures.

차트, 숫자, 그림 등을 활용해 보다 분명히 설명하겠다는 뜻의 표현이다. illustrate 대신 explain, elaborate, demonstrate, clarify, emphasize 등도 쓸 수 있으며, with 뒤에는 pie chart, bar graph, figures, numbers 등이 주로 나온다.

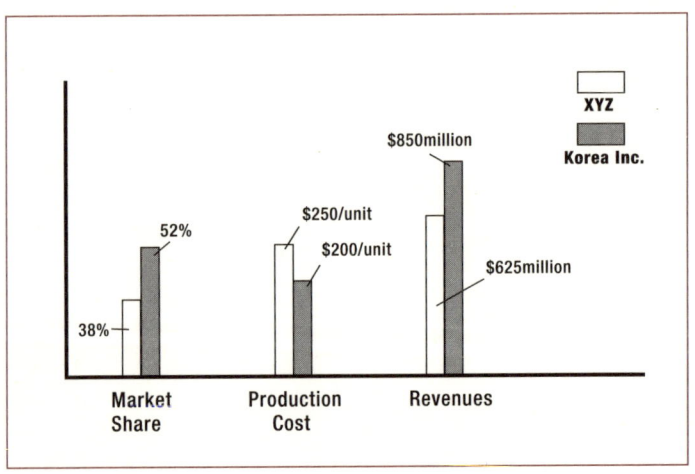

- **Let me illustrate this point with a bar graph.**

    이 점에 대해 막대그래프로 설명해보겠습니다.

- **Let me illustrate this point with a few personal experiences.**

    이 점에 대해 몇 가지 개인적인 경험으로 설명해보겠습니다.

- **Let me illustrate this point with several illustrations.**

    이 점에 대해 몇 가지 시각자료로 설명해보겠습니다.

illustration 시각자료, 일러스트레이션, 삽화

20

스크린에 있는 파이차트를 봐주십시오.

Please take a look at the pie chart on the screen.

시작자료를 사용하면서 '~를 봐주십시오'라고 하는 표현이다. **Please refer to ~**나 **I want you to pay attention to ~**도 자주 쓰는 표현이니 알아두자. **at** 뒤에는 **graph, chart, slide, picture, numbers, figures, estimates** 등 다양하게 쓸 수 있다.

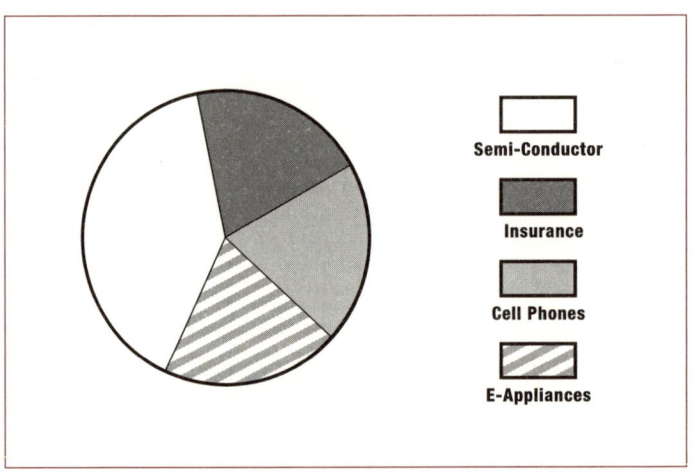

- **Please take a look at the bar graphs on your handouts.**
  나눠드린 자료에 있는 막대그래프를 봐주십시오.

- **Please take a look at the flow chart on my left.**
  제 왼쪽에 있는 순서도를 봐주십시오.

- **Please take a look at the two tables on the first page.**
  첫 페이지에 있는 두 개의 표를 봐주십시오.

pie chart 파이차트 **bar graph** 막대그래프 **handout** 유인물, 인쇄물 **flow chart** 순서도
table 표

21

이 그래프에서 보듯, 우리의 수익은 꾸준히 증가하고 있습니다.

As you can see from this graph, our profit's been increasing steadily.

시각자료를 놓고 어떤 사실이나 견해를 설명하는 표현이다. 자료를 제시할 때 쓸 수 있는 비슷한 표현으로 **As this ~ indicates, As shown on ~, As indicated on ~** 등이 있다.

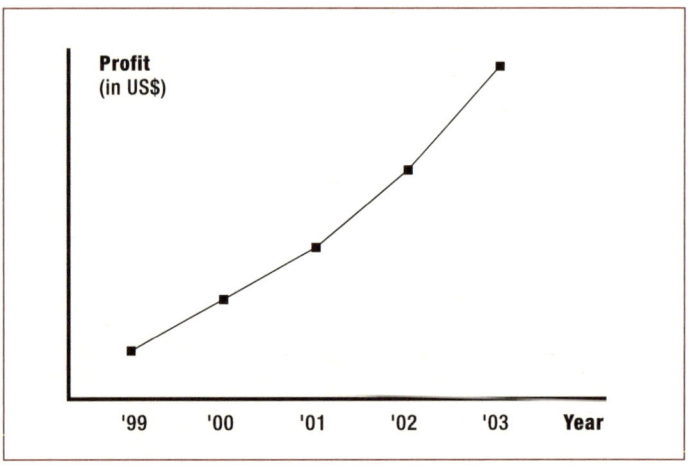

- **As you can see from this** table, we have completely restructured our organization.

  이 표에서 보듯, 우리는 조직을 완전히 개편했습니다.

- **As you can see from this** chart, our revenue has been stagnant.

  이 도표에서 보듯, 우리의 매출(수입)은 제자리걸음을 해왔습니다.

- **As you can see from these** figures, we've made record profits last year.

  이들 수치에서 보듯, 우리는 지난해 기록적인 흑자를 거두었습니다.

---

steadily 꾸준히, 끊임없이 **revenue** 수입, 매출 (= sales) **stagnant** 침체된, 부진한, 정체된

22

오른쪽 막대그래프는 우리의 수출 총수입을 보여주고 있습니다.

The bar graph on the right shows our export revenues.

시각자료와 관련하여 앞의 21번 문장보다 좀더 구체적인 표현이다. **on** 뒤에는 **the right, the left, the bottom** 등 대략적인 위치를 나타내는 말을 쓴다. **slide**에 차트가 여러 개 있을 땐 **the middle, the upper left-hand side, the upper right-hand side, the lower left-hand side, the lower right-hand side**를 써서 설명 대상을 정확히 지시할 필요가 있다.

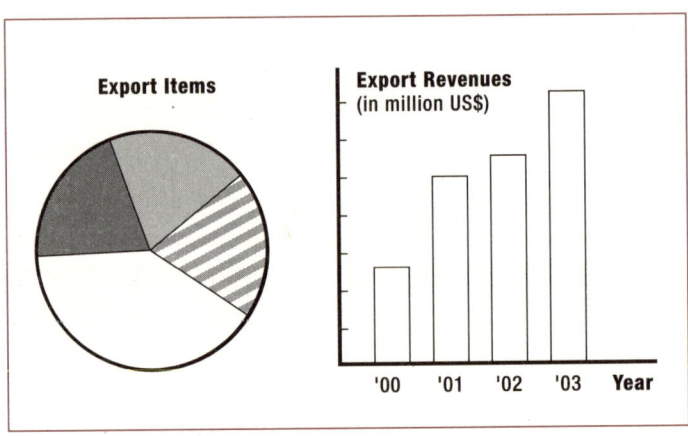

- **The** pie chart **on** the top **shows** the markets shares of the leading companies.

  상단의 파이차트는 주요회사들의 시장점유율을 보여주고 있습니다.

- **The** line graph **on** the left **shows** our revenues for the past decade.

  왼쪽 선그래프는 지난 10년간 우리의 총수입을 보여주고 있습니다.

- **The** flow chart **on** the bottom **shows** the different phases of construction.

  하단의 순서도는 공사의 각 단계를 보여주고 있습니다.

market share 시장점유율   decade 10년

23

세로선은 시장점유율을 나타내고, 가로선은 판매량을 나타냅니다.

The vertical line represents the market share, and the horizontal line represents sales volume.

시각자료를 구체적으로 짚어가며 설명하는 표현이다. 그래프의 가로축(horizontal line)과 세로축(vertical line), 그리고 파이차트의 조각(segment), 막대그래프의 막대(bar), 표의 행(row), 열(column), 칸(cell) 등이 ~를 나타낸다고 할 때 동사 **represent**를 쓴다.

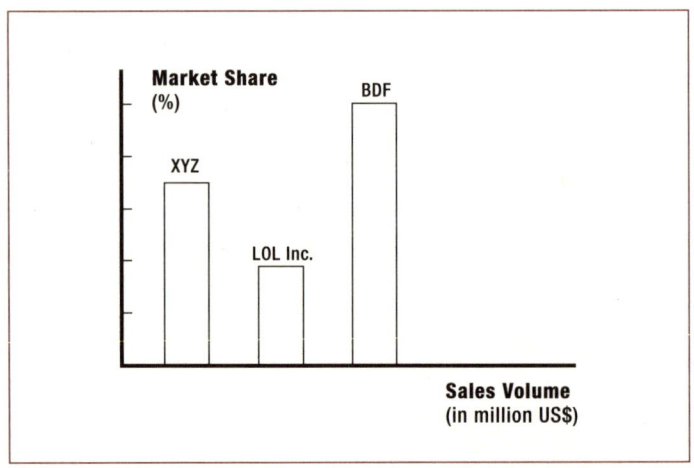

- **The dotted line represents the revenue, and the solid line represents net profit.**
  점선은 매출을 나타내고, 실선은 순이익을 나타냅니다.

- **The vertical line represents units sold, and the horizontal line represents time.**
  세로축은 판매개수를 나타내고, 가로축은 시간을 나타냅니다.

- **The undulating line represents the business cycle, and the straight line represents our revenue growth.**
  파동선은 사업주기를 나타내고, 직선은 우리의 수입증가를 나타냅니다.

---

vertical line 세로축 (vertical axis)　　**horizontal line** 가로축 (horizontal axis)
dotted line 점선　**solid line** 실선　**net profit** 순이익　**unit** 한 개, 단위
undulating line 파동선, 물결선

24

다음 단계는 적합한 건축 부지를 찾는 것입니다.

The next step will be finding appropriate construction sites.

어떤 일의 과정이나 단계를 설명할 때 쓰는 표현이다. **step** 대신 **phase**도 단계라는 뜻으로 자주 사용된다. **be** 다음에는 **-ing**형이 나와야 하며, **finding, locating, testing, marketing, acquiring, attracting, advertising, packaging, test-marketing, testing** 등 내용에 따라 다양한 동사를 쓰면 된다. 참고로, **The next step to take is ~**의 형태로도 많이 쓰니 알아두자.

China	
Vietnam	
India	
Taiwan	

- **The next step will be attracting sponsors for the event.**

  다음 단계는 행사의 후원자들을 끌어모으는 것입니다.

- **The next step will be test marketing the new product line.**

  다음 단계는 신제품을 시험판매하는 것입니다.

- **The next step will be packaging the product.**

  다음 단계는 제품을 포장하는 것입니다.

appropriate 적당한 **attract** 끌어당기다, 매혹하다, 유인하다

25

그런데, 아마 이 프로젝트에 대한 기사를 보신 적이 있을 겁니다.

By the way, you may have seen articles about this project.

여기서 **By the way**는 주제를 전환하는 표현이라기보다, 뭔가 자랑하거나 과시하고 싶은 내용을 위해 주의를 환기시키는 표현이라고 할 수 있다. **seen** 뒤에는 **articles in newspapers/magazines, TV ads, test model, news clip** 등 주로 매스미디어를 언급한다.

The world's tallest building to be built in Seoul.

New York Times

- **By the way, you may have seen** a similar product elsewhere.

  그런데, 아마 다른 곳에서 유사품을 보신 적이 있을 겁니다.

- **By the way, you may have seen** our ads on TV and on billboards.

  그런데, 아마 TV나 광고게시판에서 우리의 광고를 보신 적이 있을 겁니다.

- **By the way, you may have seen** one of our test model cars on the streets.

  그런데, 아마 길거리에서 우리의 시험 모형 차량을 보신 적이 있을 겁니다.

article 기사, 논설 **billboard** 빌보드, 광고게시판 **test model** 시험 모형

26

이 조사는 **경영간부 5백 명의 인터뷰를** 바탕으로 이루어졌습니다.

This survey was based on interviews with 500 executives.

어떤 자료에 대해 신빙성을 불어넣기 위해 사용하는 표현이다. **survey** 는 보통 설문조사, **census** 는 인구조사를 뜻하며, **analysis, research, study, assessment, evaluation, estimate, valuation, appraisement** 등의 단어들도 자주 쓰인다.

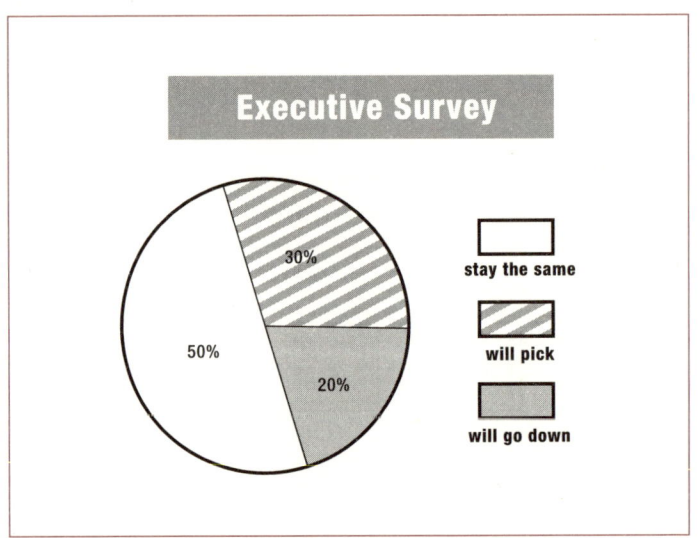

- **This survey was based on telephone interviews with 1,000 existing customers.**
  이 조사는 기존 고객 1천 명의 전화인터뷰를 바탕으로 이루어졌습니다.

- **This survey was based on door-to-door interviews with more than 5,000 households.**
  이 조사는 5천 가구 이상의 방문인터뷰를 바탕으로 이루어졌습니다.

- **This survey was based on e-mail questionnaires that were sent to more than 50,000 netizens.**
  이 조사는 5만 명 이상의 네티즌들에게 보낸 이메일 질의응답을 바탕으로 이루어졌습니다.

door-to-door 집집마다의, 호별 방문의 **executive** 경영간부 **household** 가구, 세대
questionnaire 설문

27

이 **차트를** 보면 **우리의 주력시장을** 알 수 있습니다.

If you look at this chart, you'll see our target markets.

시각자료를 읽어내고 분석할 때 쓰는 표현이다. 시각자료를 간단히 소개하는 표현이지만, 자료를 통해 자신이 앞서 언급했던 내용을 확인·증명하는 식으로 뒷받침하는 데 활용하면 매우 효과적일 수 있다.

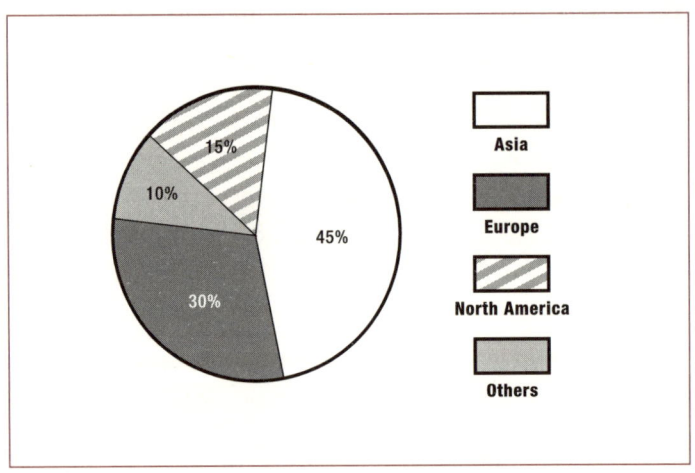

- **If you look at this graph, you'll see the exponential growth in our revenues.**
  이 그래프를 보면 우리의 총수입이 기하급수적으로 성장했음을 알 수 있습니다.

- **If you look at this dotted line, you'll see how the supply has been stagnant.**
  이 점선을 보면 공급이 얼마나 침체되어왔는가를 알 수 있습니다.

- **If you look at this flow chart, you'll see what the next steps are.**
  이 순서도를 보면 다음 단계가 무엇인지를 알 수 있습니다.

target market 목표시장, 표적시장 (상품이나 서비스의 대상고객층)   exponential 기하급수적인
revenue (~s) 총수입   supply 공급   stagnant 침체된, 부진한

28

반면, 그들의 맥주는 우리보다 맛이 훨씬 더 씁니다.

On the other hand, their beers are much more bitter than ours.

사전에 언급했던 내용과 상반되는 면을 언급할 때 자주 사용되는 표현이다. **On one hand**(한편으로는)와 **On the other hand**(다른 한편으로는)는 함께 쓰일 때가 많으니 묶어서 외워두면 좋다. 이 외에도 대조를 나타내는 표현으로 **But, However, Nevertheless, Still, Yet** 등이 있다.

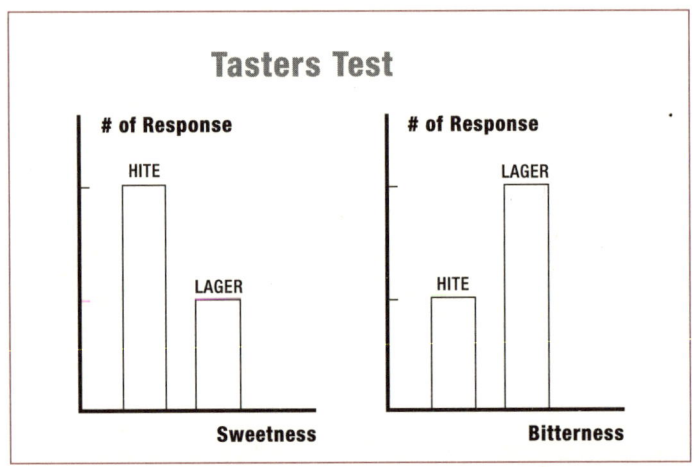

- **On the other hand,** our competitors are starting a price war.

  반면, 우리의 경쟁사들은 가격전쟁을 시작했습니다.

- **On the other hand,** there is a slight chance this plan might backfire.

  반면, 이 계획은 역효과가 날 가능성이 조금 있습니다.

- **On the other hand,** consumers might not take notice of the new features.

  반면, 소비자들은 새로운 기능들을 알아채지 못할 수도 있습니다.

competitor 경쟁자   **backfire** 역효과가 나다, 예상에 어긋난 결과를 초래하다, 맞불을 놓다
consumer 소비자

29

고객들의 반응이 어떤가에 따라, 우리가 택할 수 있는 방안들이 몇 가지 있습니다.

Depending on how the customers react, there are a few steps we can take.

어떤 조건에 따라 선택이 가변적임을 나타내는 표현이다. **on** 뒤에는 명사를 쓸 수도 있고, **how, what, where, when, which** 등 의문사를 쓰기도 한다. **how**는 **how far, how often, how much, how high, how low** 등 정도를 표현하는 말로 자주 쓰인다.

Customer React

- Design
- Price
- Advertising

- **Depending on** the prices we set, **there are** several reactions we can expect.

  우리가 책정한 가격에 따라, 우리가 예측할 수 있는 몇 가지 반응들이 있습니다.

- **Depending on** how often patients take the medication, **there are** several possible side effects.

  환자들이 얼마나 자주 약을 복용하는가에 따라, 몇 가지 부작용이 있을 수 있습니다.

- **Depending on** the specific situation, **there are** four courses of action.

  특정한 상황에 따라, 네 가지 행동방침이 있습니다.

step (~s) 조치, 방안, 대책   **side effect** 부작용   **reaction** 반응

30

장소를 고를 때 고려해야 할 점이 세 가지 있습니다. 첫째 교통, 둘째 인건비, 셋째 지방세와 주세입니다.

There are three things to consider in choosing the site; first, transportation, second, labor costs, and third, local and state taxes.

consider처럼 '고려하다' '심사숙고하다' 란 뜻을 지닌 동사로는 think about, contemplate, deal with, examine, look at, mull over, ponder, toss around 등이 있으며, 격식을 좀 덜 차린 말이긴 하지만 chew over를 쓸 수도 있다. 참고로, consider in 뒤에는 -ing형이 나와야 한다.

Site	A	B	C	D	E
Transportation	○	△	○	△	△
Labor Cost	×	○	○	△	×
Taxes	△	△	○	×	×

- There are **two** things to consider in choosing a new distributor; first, experience, and second, the size of the company.

  새로운 배급자를 선정할 때 고려해야 할 점이 두 가지 있습니다. 첫째 경험, 둘째 기업의 규모입니다.

- There are **four** things to consider in picking a new employee; first, integrity, second, the ability to work in a team, third, creativity, and lastly, work ethics.

  새 직원을 채용할 때 고려해야 할 점이 네 가지 있습니다. 첫째 도덕성, 둘째 협동성, 셋째 창의성, 마지막으로 직업윤리입니다.

- There are **three** things to consider in a retail business; first, location, second, foot traffic, and finally, demographics of shoppers in the neighborhood.

  소매업을 할 때 고려해야 할 점이 세 가지 있습니다. 첫째 위치, 둘째 유동인구, 마지막으로 인근에 사는 이용객들의 인구구성입니다.

integrity 성실, 청결, 높은 도덕성, 정직함 **work ethics** 직업윤리 **retail** 소매의
demographic 상품고객층(소비자)의 나이, 소득, 성 등을 고려한 통계학적인 특징

31

통념과는 반대로, 우리는 우리 업계에서의 눈부신 성장을 기대하고 있습니다.

Contrary to popular belief, we expect significant growth in our industry.

'~와는 반대로'라는 뜻의 대조를 나타내는 표현이다. 앞의 28번에 있는 On the other hand도 다른 면을 언급할 때 사용되지만, 정반대 상황을 뜻하는 Contrary to보다는 의미가 훨씬 약하다. 비슷한 표현으로는 Contrarily, Oppositely, Conversely 등이 있다.

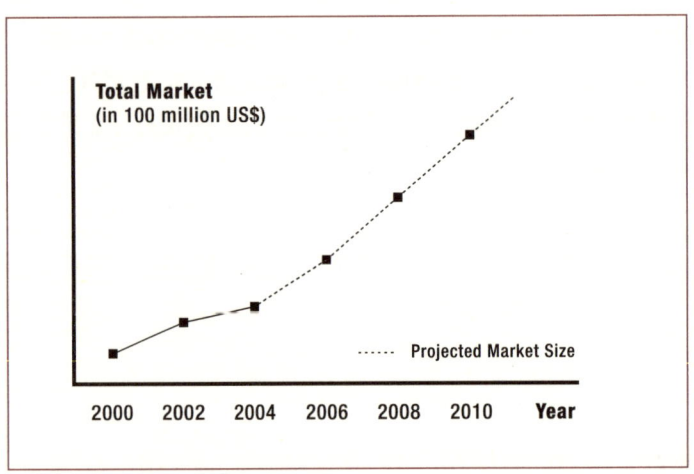

- **Contrary to other companies in our industry, we've been able to grow 15% a year.**
  우리 업계의 타 기업들과는 반대로, 우리는 연간 15% 성장할 수 있었습니다.

- **Contrary to downturns in other industries, ours is growing by leaps and bounds.**
  타 업계의 침체와는 반대로, 우리 업계는 기하급수적으로 성장하고 있습니다.

- **Contrary to Japan's long-term economic recession, China's economy has been on fire.**
  일본 경제의 장기불황과는 반대로, 중국경제는 무섭게 성장하고 있습니다.

---

significant 중요한, 주목할 만한   **downturn** 하강, 침체, 감소
by leaps and bounds 기하급수적으로   **recession** 불황, 불경기

32

그들의 제품과 우리의 제품에는 많은 차이점이 있습니다.

There are many differences between their product and ours.

두 가지 사이에 많은 차이점 또는 유사점이 있다고 할 때 사용하는 표현이다. 물론 A and B are different/similar in many ways.라고도 한다. differences와 비슷한 뜻을 가진 말로 abnormalities, anomalies, deviations, irregularities 등이 있고, similarity와 비슷한 뜻을 가진 말로는 resemblance, association, likeness, correlation, connections 등이 있다.

Product Comparison

	Our Product	XYZ
Special Features	10	8
Durability	9	7
Cost	8	6

- There are many differences between **Japan's economy and ours.**
  일본경제와 우리 경제에는 많은 차이점이 있습니다.

- There are many differences between **a leader and a manager.**
  리더와 관리자 간에는 많은 차이점이 많습니다.

- There are many similarities between **an import-export business and a publishing business.**
  무역업과 출판업 간에는 많은 유사점이 있습니다.

33

다시 말해, 우리의 시장점유율 상승을 기대할 수 있다는 뜻입니다.

That means we can expect our market share to improve.

프레젠테이션에서 어느 정도 설명이 끝난 후 그것을 정리할 때 쓰는 표현이다. 비슷한 표현으로는 **translates into ~, adds up to ~, denotes ~, implies ~, indicates ~, points to ~, represents ~, stands for ~** 등이 있다.

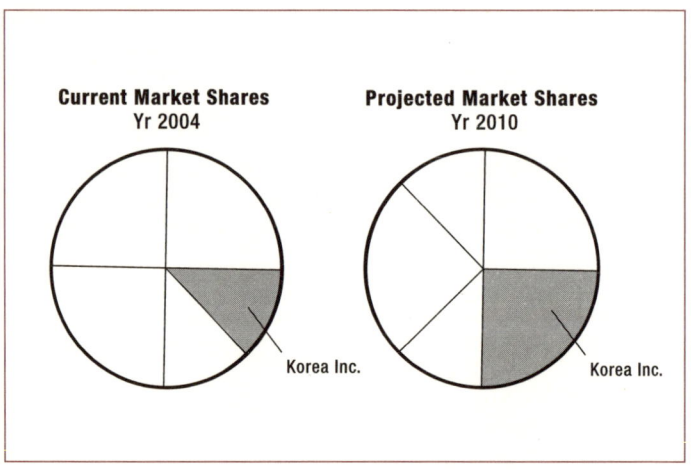

- **That means** we'll have to invest heavily this year just to keep up with our competitors.
  다시 말해, 우리의 경쟁자들에 뒤지지 않으려면 금년엔 대대적으로 투자해야 한다는 뜻입니다.

- **That means** our market share could shrink again this year.
  다시 말해, 우리의 시장점유율이 금년에 또 하락할 수 있다는 뜻입니다.

- **That means** many small and mid-sized companies will have to shut their doors.
  다시 말해, 많은 중소기업들이 문을 닫아야 한다는 뜻입니다.

invest 투자하다 keep up with ~을 따라가다, 뒤지지 않다
small and mid-sized company 중소기업 shut one's door 문을 닫다, 망하다

34

우린 이자의 변동에 세심한 주의를 기울여야 합니다.

We should pay close attention to interest movements.

어떤 사실이나 현상에 대해 사람들의 주의를 요구하는 표현이다. '집중하다'란 뜻의 **focus**와는 의미가 좀 다르다. **focus**보다는 **notice**, **note**에 더 가까운 표현이라고 할 수 있다. **be aware of ~**, **recognize ~**도 비슷한 기능을 하는 표현들이니 알아두도록 하자.

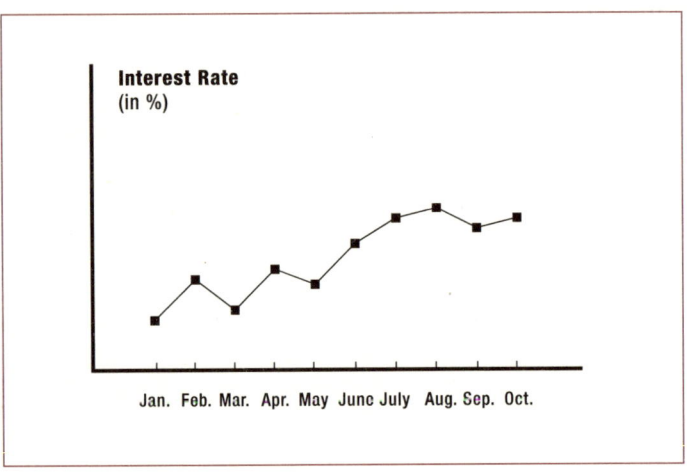

- **We should pay close attention to what the customers want.**
  우린 고객이 무엇을 원하는가에 세심한 주의를 기울여야 합니다.

- **We should pay close attention to the world economy.**
  우린 세계 경제에 세심한 주의를 기울여야 합니다.

- **We should pay close attention to crude oil and other raw material cost movements.**
  우린 원유와 기타 원자재가격의 변동에 세심한 주의를 기울여야 합니다.

---

raw material 원료, 재료

35

결과적으로 우린 매년 25% 성장할 수 있었습니다.

As a result, we were able to grow 25% annually.

As a result와 같은 뜻으로 Consequently, Subsequently, Accordingly, Hence 등이 있다. So, Therefore도 일상생활에서 자주 쓰는 표현이긴 하지만, 프레젠테이션에서는 되도록 격식에서 벗어나는 표현은 피하는 것이 좋다.

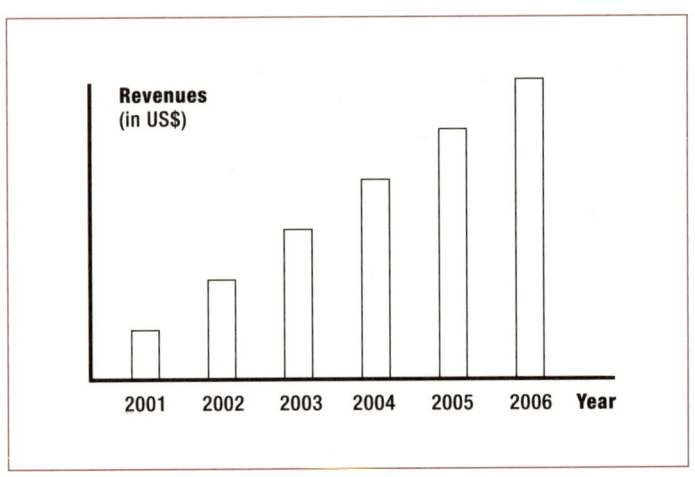

- **As a result, our productivity has improved 30%.**
  결과적으로 우리의 생산성은 30% 향상됐습니다.

- **As a result, the biggest auto manufacturing plant was born.**
  결과적으로 가장 큰 자동차 제조공장이 탄생했습니다.

- **As a result, it was possible to make inroads into China.**
  결과적으로 중국에 진입하는 것이 가능했습니다.

manufacturing 제조의 make inroads into (시장 등에) 진입하다

36

우리는 수요가 몇 년 안에 50% 증가할 것으로 기대합니다.

We expect demand to increase 50% over the next few years.

'~가 ~만큼 증가할 것으로 기대한다'란 표현으로, We expect 대신 We're forecasting, We look forward to, We're predicting 등의 표현을 쓸 수 있다. expect 뒤엔 the demand, the supply, price, profits, revenue, market share, dividends, yield 등이 자주 나오며, '증가하다'란 뜻의 increase와 비슷한 말로 go up, surge, rise, grow, jump, skyrocket 등이 있다.

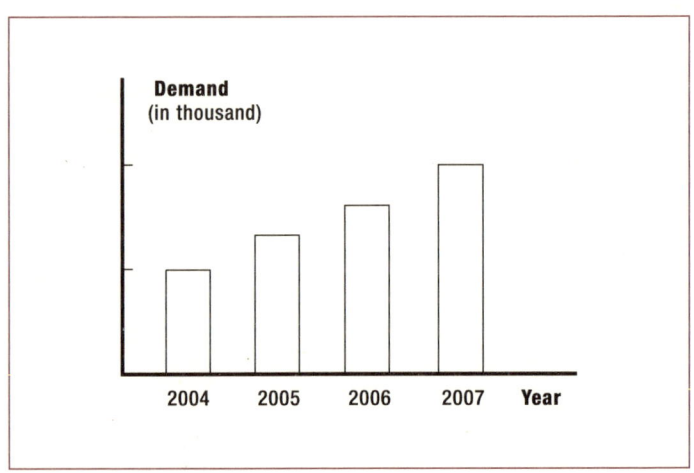

- We expect crude oil prices to increase significantly for the foreseeable future.
  우리는 원유가격이 앞으로 현저하게 증가할 것으로 기대합니다.

- We expect operating profits to increase 25% annually for the next five years.
  우리는 순 영업이익이 앞으로 5년간 매년 25% 증가할 것으로 기대합니다.

- We expect the demand for our products and services to increase at least 35% annually.
  우리는 우리의 제품과 서비스에 대한 수요가 매년 적어도 35% 증가할 것으로 기대합니다.

demand 수요, 요구 foreseeable 미리 알 수 있는 operating profit 순 영업이익

37

남미로의 수출은 크게 감소할 것으로 전망됩니다.

We're forecasting a significant decrease in our exports to South America.

여기서 decrease는 '감소'란 뜻의 명사로 쓰였다. in 뒤엔 sales(매출), revenues(총수입), exports(수출), imports(수입), budget(예산), budget deficit/surplus(재정적자/흑자), trade deficit/surplus(무역적자/흑자), demand(수요), supply(공급) 등을 쓰면 된다. decrease처럼 감소를 뜻하는 명사로는 decline, loss, reduction 등이 있고, 증가를 뜻하는 명사로는 increase, growth, gain, hike, rise 등이 있다.

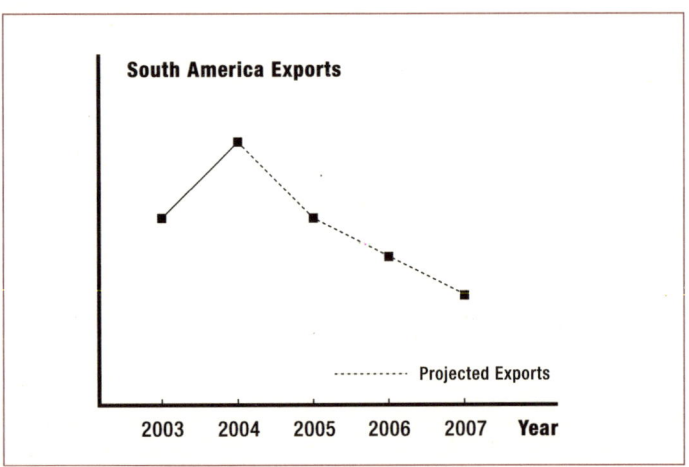

- **We're forecasting a 15% decrease in our net profits next quarter.**
  다음 분기 순이익이 15% 감소할 것으로 전망됩니다.

- **We're forecasting a small decrease in our revenues this quarter.**
  이번 분기 총수입이 조금 감소할 것으로 전망됩니다.

- **We're forecasting a 25% decrease in consumer spending this year.**
  올해 소비지출이 25% 감소할 것으로 전망됩니다.

quarter 분기, 1/4 consumer spending 소비지출

38

우리의 농산품은 판매의 25%를 차지합니다.

Our agricultural products account for 25% of our sales.

무언가가 전체에서 일정 부분을 차지한다는 뜻으로 **account for**를 쓴다. 차지하는 부분에 대해서는 주로 %를 사용해 표현하는데, **most of**나 **a significant part of, a small portion of** 등의 표현도 가능하다. **account for** 대신, **associated with, connected with, be responsible for, be credited with**를 쓸 수도 있다.

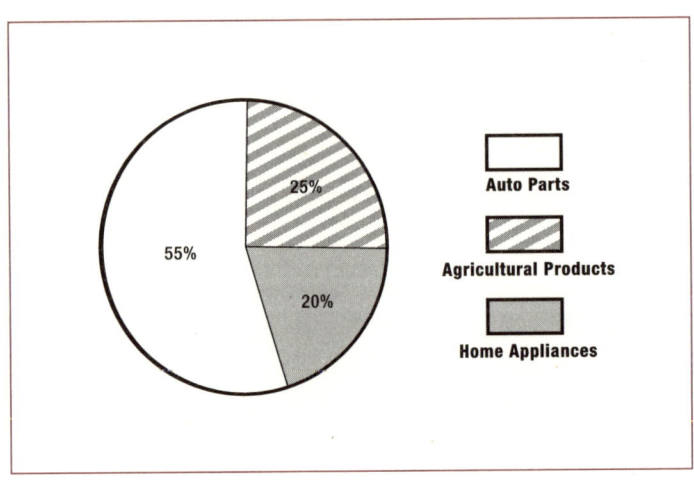

- **Exports to North America account for 75% of our exports.**

  북미로의 수출은 우리 수출의 75%를 차지합니다.

- **Domestic sales account for only 30% of our overall business.**

  국내판매는 우리의 전체 사업에서 고작 30%를 차지합니다.

- **Auto parts account for 50% of our net profits.**

  자동차부품은 우리 순이익의 50%를 차지합니다.

agricultural 농업의, 농경의   domestic 국내의   overall 전체의

39

놀랍게도 우리의 이익은 지난 10년간 매년 두 배 증가했습니다.

Incredibly, our profits grew two-fold annually for the past ten years.

'증가하다'란 뜻으로 grow를 쓴다. 이 문장에선 수치(수량)상의 증가를 나타내고 있는데, grow는 '성장하다'란 뜻으로도 자주 사용된다. grow 외에 '성장하다'란 뜻을 지닌 동사로는 expand, flourish, multiply, aggregate, proliferate, mushroom, thrive, prosper 등이 있다.

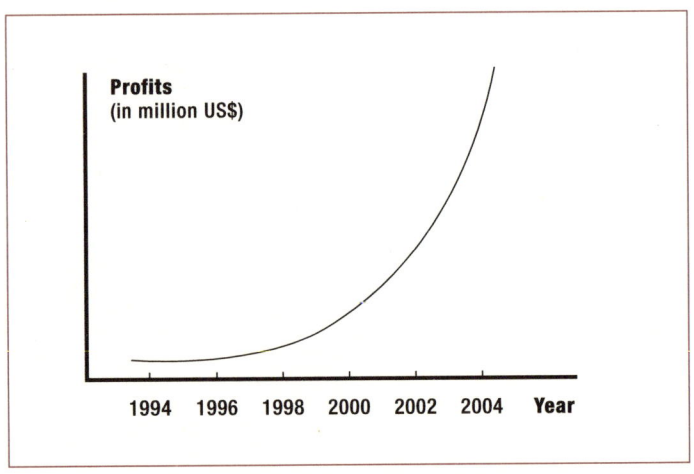

- **Our exports have been growing 45% a year.**

  우리의 수출은 연간 45%씩 증가해왔습니다.

- **The demand for environmentally friendly products is growing 35% annually.**

  환경친화제품의 수요는 매년 35%씩 증가하고 있습니다.

- **Our chemicals exports grew 15%, and domestic sales grew 5% last quarter.**

  우리의 화학제품 수출은 15% 증가했고, 국내판매는 지난 분기에 5% 증가했습니다.

incredibly 놀랍게, 믿을 수 없게 chemical 화학의, (~s) 화학제품

40

소비지출이 지난해에는 현저히 줄었습니다.

Consumer spending fell drastically last year.

'감소하다' '떨어지다' 란 뜻으로 **fall**을 쓴다. 조금씩 뉘앙스 차이는 있지만 이와 비슷한 표현으로 decrease, tumble, go down, shrink, sink, plumet, plunge, take a nosedive 등이 있다.

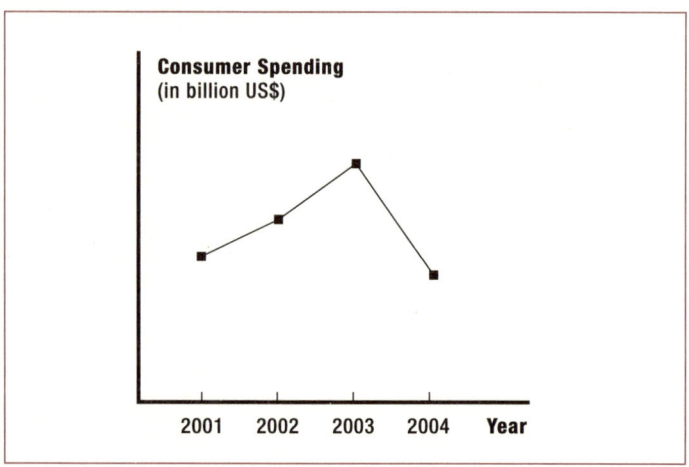

- **Crude oil prices have been falling since last December.**
  원유가격이 지난 12월부터 하락하고 있습니다.

- **Our net profits are falling 5% annually.**
  우리의 순이익이 매년 5%씩 줄어들고 있습니다.

- **Our export revenues fell to their lowest levels in years.**
  우리의 수출 총수입이 수년 만에 최하 수준으로 떨어졌습니다.

drastically 맹렬히, 철저히

PART 3
나도 바로 할 수 있다 회사소개 10문장

41

우리는 아시아에서 손꼽히는 생화학제품 제조업체입니다.

We are a leading biochemical products manufacturer in Asia.

회사소개를 할 땐 맨 먼저 무엇을 하는 회사인지 '정체'를 밝힐 필요가 있다. 그럴 때 '우리는 생화학제품 제조업체입니다' 라고 건조하게 말하기보다, **the best, one of the best/top, world-class, a renowned, an International, a first class** 등 회사의 위상을 표현하는 수식어구를 동원해 강한 인상을 심어주는 것이 좋다.

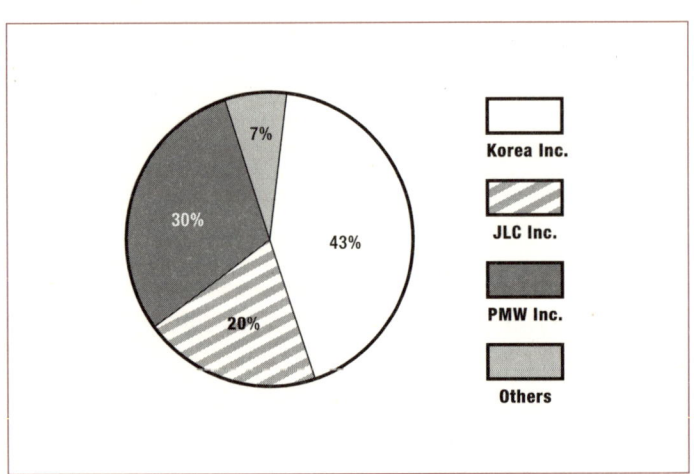

- **We are a leading semiconductor equipment supplier in the world.**
  우리는 세계에서 손꼽히는 반도체장비 공급업체입니다.

- **We are a leading importer of industrial chemicals in Korea.**
  우리는 한국에서 손꼽히는 공업화학제품 수입업체입니다.

- **We are a leading distributor of health care products in Korea.**
  우리는 한국에서 손꼽히는 건강제품 유통업체입니다.

biochemical 생화학의   semiconductor 반도체   equipment 설비, 장치

42

Korea Tires는 1995년에 설립되었습니다.

Korea Tires was established in 1995.

회사의 연혁에서 가장 기본이 되는 창립일을 소개하는 표현이다. 주로 연도(年)를 밝히는데, 가끔은 월(月)까지도 말한다. **was established** 외에 '설립되다'를 뜻하는 동사로 **was founded, set up, started** 등이 있다. 참고로, 문장 맨 끝에 **'by+사람이름'**을 써서 창립자까지도 함께 밝힐 수 있다.

Korea Tires Company History	
1995	Founded by Dr. Jung
1996	Patent of XOT Chip
1997	2nd. Factory in Inchon
1998	President's Award

- **Asia Inc. was established in 1958 by Dr. Timothy Lee.**
  주식회사 Asia는 1958년에 Timothy Lee 박사에 의해 설립되었습니다.

- **Teledyne International was established in 1983 by two brothers named Steve and Robert Kim.**
  Teledyne International은 1983년에 Steve Kim과 Robert Kim 두 형제에 의해 설립되었습니다.

- **Do-it-yourself Inc. was established in 1992 by the former chairman of Korea Inc.**
  주식회사 Do-it-yourself는 1992년에 주식회사 Korea의 전(前) 회장에 의해 설립되었습니다.

43

우리는 영어교사 교육과 양성을 전문으로 합니다.

We specialize in educating and training English teachers.

회사의 전문분야를 말하는 표현이다. **in**은 전치사이므로 그 뒤에 동사는 **-ing**형을 써야 한다. **specialize in** 뒤에 쓰는 전문분야를 나타내는 동사로는 **manufacturing, distributing, making, trading, exporting, importing, trading, providing, educating, training, publishing** 등이 있다.

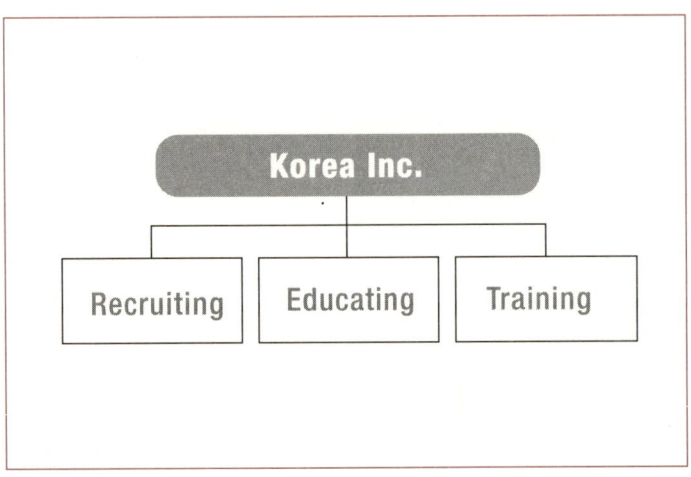

- We specialize in **distributing IT products throughout Korea.**
  우리는 IT 제품을 한국 전역에 유통하는 것을 전문으로 합니다.

- We specialize in **manufacturing specialized parts for aeronautics industry.**
  우리는 항공산업의 특수부품 제작을 전문으로 합니다.

- We specialize in **trading staple food products in Asia.**
  우리는 아시아에서 주식물(主食物) 무역을 전문으로 합니다.

aeronautics 항공학, 비행술 **staple** 주요 산물

44

우리는 이 산업에 10년 넘게 종사해왔습니다.

We have been in this industry for more than 10 years.

회사가 특정 분야에 얼마나 오래 종사해왔는가를 나타내는 표현이다. **in** 뒤에는 ~분야, ~산업 등을 쓰면 되는데, 앞의 43번 문장에서 열거했던 동사들을 사용해서 **We have been manufacturing ~**이라고 말하기도 한다. 참고로, 종사해온 기간이 5년 미만일 경우엔 **more than**을 붙이지 않는다는 점을 알아두자.

Adada Inc. History	
1993	Founded by Dr. Jung
1994	Patent of Processed Vegetables
1996	2nd. Factory in Inchon
2000	3rd. Factory in China
2003	President's Award

- **We have been** in the bio-medical industry **for more than** 15 years.

  우리는 생물의학 산업에 15년 넘게 종사해왔습니다.

- **We have been** a distributor of IT products **for more than** 20 years.

  우리는 IT 제품 유통업에 20년 넘게 종사해왔습니다.

- **We have been** manufacturing auto parts **for more than** five decades.

  우리는 자동차부품 제조업에 50년 넘게 종사해왔습니다.

bio-medical 생물의학의

45

K 법인은 최상급 품질의 최고급 여성용 제품을 제공하는 데 전념하고 있습니다.

K Corp. is committed to providing the highest quality high-end products for women.

어떤 일에 전념하고 있는지를 보여줌으로써 회사가 지향하는 목표나 가치, 이념 등을 표현할 수 있다. **committed to** 대신 **devoted to, dedicated to, focused on** 등도 자주 쓰며, **providing** 뒤엔 대개 **highest quality, best, world-class** 등 회사에서 추구하는 '최고의' '최상의' 란 뜻의 수식어들이 나온다.

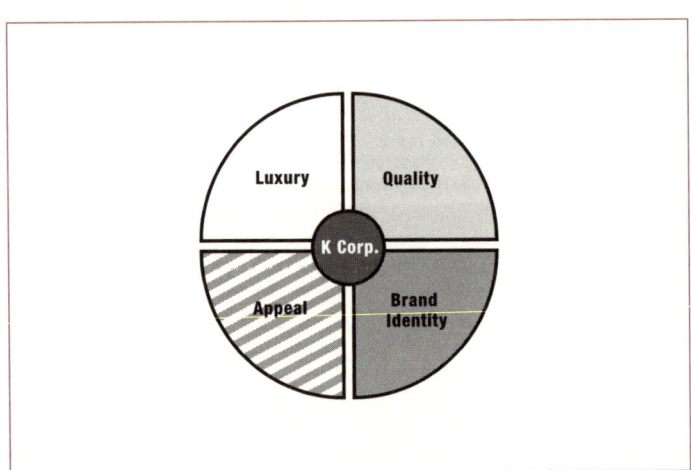

- **Asia Inc. is committed to providing the best environment-friendly products.**
  주식회사 Asia는 최고의 환경친화제품을 제공하는 데 전념하고 있습니다.

- **Hotel Corp. is committed to providing world-class hotels and services.**
  Hotel법인은 세계 수준의 호텔과 서비스를 제공하는 데 전념하고 있습니다.

- **Surf Inc. is committed to providing the trendiest clothing for active outdoor enthusiasts.**
  주식회사 Surf는 활동적인 아웃도어 애호가들에게 최신유행의 의류를 제공하는 데 전념하고 있습니다.

high-end 최고급 **world-class** 세계적 수준의 **trendy** 유행의 **enthusiast** 애호가, ~광

46

Korea 그룹은 7개의 독립계열사들로 이루어져 있습니다.

The Korea Group consists of seven autonomous companies.

회사의 구조에 대해 설명할 때 가장 많이 사용하는 표현이다. **consists of** 뒤에는 회사를 구성하는 단위가 되는 말들, 즉 **companies, divisions, departments, offices, subsidiaries** 등을 적절히 쓰면 된다.

- **AtoZ Inc. consists of five business divisions.**
  주식회사 AtoZ는 5개의 사업국으로 이루어져 있습니다.

- **Land Inc. consists of three overseas business departments.**
  주식회사 Land는 3개의 해외사업부로 이루어져 있습니다.

- **IT Corp. consists of 15 offices throughout Europe and Asia.**
  IT법인은 유럽과 아시아에 걸쳐 15개의 지사들로 이루어져 있습니다.

autonomous 자치의, 자율적인

47

우리의 순이익은 2003년에 5억 7천 5백만 달러에 도달하여, 전년도 대비 45% 증가했습니다.

Our revenue reached $575 million in 2003–a 45% increase over the past year.

회사의 현황은 매출액(sales)이나 총수입(revenues), 주식배당금(dividends), 수입/수출량(imports/exports), 직원(employees)과 자회사(subsidiaries), 고객(customers)의 수로 보통 표현된다. '전년도에 비해' '전년도 대비'란 뜻으로는 over the prior year를 쓰며, the prior year 대신 the prior quarter, last quarter, last year, the same period 등도 자주 쓴다.

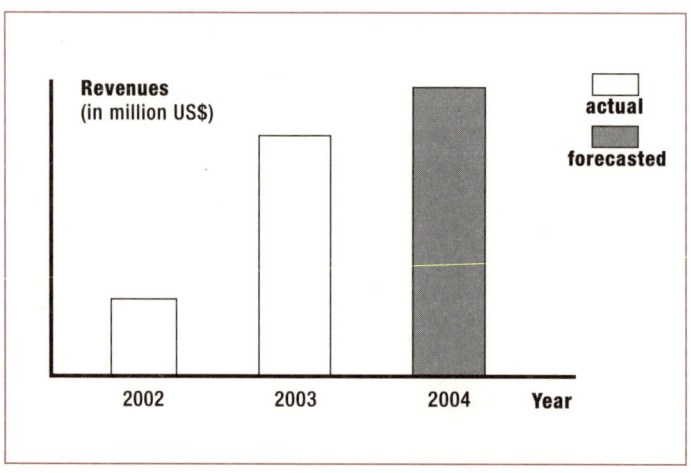

- **Our profits reached $120 million last quarter— a 20% increase over the past year.**
  우리의 수익은 지난 분기에 1억 2천만 달러에 도달하여, 전년도 대비 20% 증가했습니다.

- **Our exports reached $1.2 billion last year— a whopping 75% increase over the past year.**
  우리의 수출은 지난해 12억 달러에 도달하여, 전년도 대비 무려 75% 증가했습니다.

- **Our investments in Europe reached $2.5 billion last year—a 25% increase over the past year.**
  우리의 유럽 투자는 지난해 25억 달러에 도달하여, 전년도 대비 25% 증가했습니다.

whopping 매우 큰, 터무니없이 큰

48

우리의 총수입은 매년 27%씩 신장될 것으로 기대됩니다.

We expect our revenue to grow by 27% annually.

매출액이나 총수입, 시장점유율 등 구체적인 자료나 수치를 들어 회사의 전망을 나타내는 표현이다. 증가한 정도는 **%**나 **double**(두 배), **three-fold**(세 배), **exponentially**(기하급수적으로) 등을 써서 나타낸다. 또 그 뒤엔 기간을 한정하는 표현으로 **annually**(매년), **quarterly**(매분기), **this following year**(내년에), **in the coming years**(몇 년 내에) 등이 자주 온다.

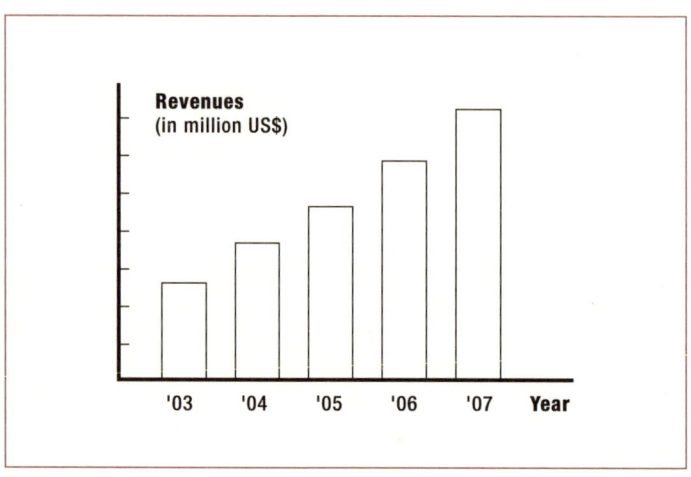

- **We expect our profits to grow double next year.**
  우리의 수익이 다음해 두 배 이상 증가할 것으로 기대됩니다.

- **We expect Ubiquitous markets to grow by 35% in the coming decade.**
  유비쿼터스 시장은 향후 10년이 지나면 35% 성장할 것으로 기대됩니다.

- **We expect our market share to grow three folds in China.**
  우리의 중국 시장점유율이 세 배 증가할 것으로 기대됩니다.

Ubiquitous 유비쿼터스 (장소에 상관없이 자유롭게 네트워크에 접속할 수 있는 정보통신 환경)
three folds 3배로

49

Korea 그룹의 목표는 정상급 타이어 제조업체가 되는 것입니다.

Korea Group's goal is to become the leading tire manufacturer.

회사의 장기적 비전이나 목표를 제시할 때 쓰는 표현이다. **goal** 대신 **mission, aim, ambition, vision** 등을 쓸 수도 있다. 참고로 **be striving to**를 써서 회사의 목표를 나타내는 방법도 있다. (ex. We are striving to be the technological leader in our industry. 우리는 업계에서 기술부문의 리더가 되기 위해 노력하고 있습니다.)

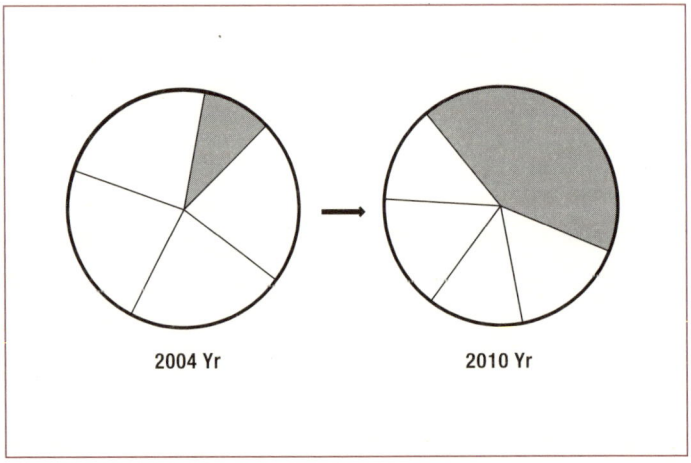

- **Asia Inc.'s goal is to become** a world-renowned animation film company.

  주식회사 Asia의 목표는 세계적으로 유명한 애니메이션 영화사가 되는 것입니다.

- **K Electronics's goal is to become** a top manufacturer of cell phones in Asia.

  K Electronics의 목표는 아시아에서 최고의 휴대폰 제조업체가 되는 것입니다.

- **Our goal is to become** a first class distributor of agricultural products in Korea.

  우리의 목표는 한국에서 일류 농산물 유통업체가 되는 것입니다.

---

manufacturer 제조자, 제조업체　**world-renowned** 세계적으로 유명한　**first class** 일류, 최상
distributor 배급자, 판매자　**agricultural** 농업의, 농경의

50

우리는 조만간 북미시장에 진출할 계획입니다.

We are planning to expand into North American markets in the near future.

회사의 시장진출(확장) 계획에 대해 말할 때 쓰는 표현이다. **into** 뒤엔 시장, 사업, 품목 등을 쓰면 된다. **be planning to** 뒤엔 사업확장을 뜻하는 **expand** 외에도, 무언가를 강화하거나 개발할 계획이라는 뜻으로 **beef up, boost, build up, develop, enhance, reinforce, strengthen** 등을 쓰는 일이 많다. (ex. We are planning to strengthen our marketing efforts. 우리는 마케팅 노력을 강화할 계획입니다.)

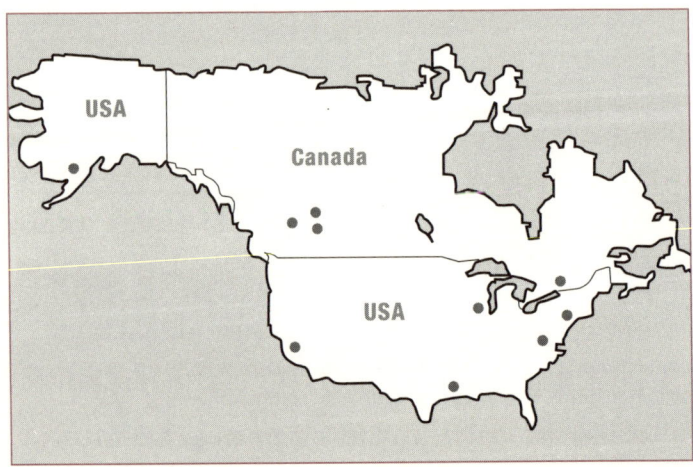

- We are planning to expand into **chemical markets next year.**
  우리는 내년에 화학시장에 진출할 계획입니다.

- We are planning to expand into **distribution businesses in China.**
  우리는 중국에서 유통사업에 진출할 계획입니다.

- We are planning to expand into **children's clothing markets in a few years.**
  우리는 향후 몇 년 안에 아동복 시장에 진출할 계획입니다.

expand 사업영역을 확장하여 ~ 시장에 진입하다

50문장으로 프레젠테이션하기

Special Sample

I. Introduction

Good morning, ladies and gentlemen. I'm delighted to speak in front of such distinguished guests this morning, and I would like to thank all of you for attending this morning's presentation. As many of you know, my name is Jin-chul Kim, and I'm in charge of the business development team at Korea Corp. Today, I'm going to try to persuade you why you should invest in Korea Corp.'s new business. I've divided my talk into three parts. First, a brief overview of Korea Corp., then a description of what our new business is, and finally, reasons why you should invest in our new business. This presentation is going to take about 15 minutes, and please interrupt me at any time if you have any questions.

II. Body

1. Company Overview

I'm going to start with a brief overview of Korea Corp. Korea Corp. was established in 1992 by Dr. Jong-hwan Kim. We are a leading cell phone manufacturer and distributor in Korea, and our goal is to become the top provider of cutting edge phones in the world. Please take

I. 머리말

안녕하십니까. 이렇게 귀빈 여러분 앞에서 발표하게 되어 기쁩니다. 오늘 아침 프레젠테이션에 참석해주신 여러분 모두에게 감사의 말씀을 드립니다. 여러분 중 많은 분들이 알고 계시듯, 제 이름은 김진철이며, Korea 법인의 사업개발팀을 맡고 있습니다. 오늘 저는 여러분에게 Korea 법인의 신규사업에 투자해야 하는 이유를 납득시키고자 합니다. 말씀드릴 내용은 크게 3가지입니다. 첫째 Korea 법인의 간단한 개요, 둘째 우리의 신규사업에 대한 설명, 마지막으로 우리의 신규사업에 투자해야 하는 이유입니다. 이 프레젠테이션은 15분 정도 걸릴 것입니다. 도중에 질문이 있으면 언제라도 말씀해주십시오.

description 설명, 묘사

II. 본론

1. 회사 개요

Korea 법인을 간단히 개관하는 것으로 시작하겠습니다. Korea 법인은 1992년 김종환 박사에 의해 설립되었습니다. 우리는 한국에서 손꼽히는 휴대폰 제조업체이자 유통업체이며, 우리의 목표는 세계 최고의 최첨단 휴대폰 제조업체가 되는 것입니다. 스크린에 있는 파이차트를 봐주십시오. 이 파이차트에서 보듯, Korea 법인은 모기업으로, 세 개의 독립계열사들로 이

a look at the pie chart on the screen. As you can see from this pie chart, Korea Corp. is a holding company, and it consists of three autonomous companies; Korea LCD manufactures displays for cell phones and PDAs. Korea Cell Phone Inc. manufactures cell phones and PDAs. And Korea Trading markets and distributes our products domestically and overseas. Korea Trading consists of 15 branches throughout Europe and Asia. And we are planning to expand into North and South American markets in the near future. We have been in this business for more than 12 years, and we have patents for many crucial parts of our cell phones. Now that we've covered the company overview, let's move on to the next topic.

2. Presenting New Business

Before I begin my next topic, I would like to ask a question to all of you. Can you live without your cell phone? The cell phone has become an essential item for us. According to the latest survey one out of two adults has cell phones, and the rate is increasing by the minute. But our new business is not just about cell phones. If you look at this chart, you'll see the basic functions of our new phone. We're going to develop a cell phone that acts as your PDA,

루어져 있습니다. Korea LCD는 휴대폰과 PDA의 영상표시장치를 제조합니다. 주식회사 Korea Cell Phone은 휴대폰과 PDA를 제조합니다. Korea Trading은 국내 및 해외시장에 우리 제품을 마케팅하고 유통시킵니다. Korea Trading은 유럽과 아시아에 걸쳐 모두 15개의 지점으로 이루어져 있습니다. 그리고 우리는 조만간 북미와 남미시장에 진출할 계획입니다. 우리는 이 사업에 12년 넘게 종사해왔으며, 우리 휴대폰에 쓰이는 많은 핵심부품의 특허권을 보유하고 있습니다. 지금까지 회사 개요를 살펴보았고, 이제 다음 주제로 넘어가겠습니다.

cutting edge 최첨단의 holding company 모회사, 지주회사
autonomous company 독립자회사, 독립계열사 domestically 국내에서
crucial 중요한, 중대한 overview 개요

2. 신규사업 설명

다음 주제를 시작하기 전에 여러분 모두에게 한 가지 질문을 드리고 싶습니다. 여러분은 휴대폰 없이 살 수 있습니까? 휴대폰은 우리에게 필수품이 되었습니다. 최근 조사에 따르면 성인 두 명 중 한 명이 휴대폰을 갖고 있으며, 이 비율은 매분 증가하고 있습니다. 하지만 우리 신규사업은 휴대폰에만 국한된 것이 아닙니다. 이 차트를 보면 우리 신형 휴대폰의 기본 기능을 알 수 있습니다. 우리는 여러분의 PDA, 디지털카메라, 게임콘솔, MP3 플레이어, 자동현금입출금기, 퍼스널튜터, 그리고 그 밖의 많은 것들을 대신하는 휴대폰을 개발하려고 합니다. 전문가들은 지금 우리의 휴대폰이 미래에는 휴대

digital camera, game console, MP3 player, ATM machine, personal tutor, and a lot more. **Experts estimate that** our phones will evolve into more than a portable computer in the future, and that future is already upon us. **A good example of that is** S Corp.'s latest mobile phone. It has the monitor of a PDA, and it features a 300 megapixal camera, PDA, and most of the features I have just mentioned. However, our new phone will take it to another level with our newly developed chip that acts as a central processing unit and hard drive at the same time. This is a revolutionary development in cell phone technology that will change the way we make cell phones in the future. **By the way, you may have seen** articles about this development in newspapers. **There are many differences between** conventional chips **and** ours, but since I'm not an expert on the technical side, Mr. Lee will make his presentation on the technical details of our phone in a few minutes. **On the other hand,** I am an expert on numbers, and I would like to **move on to the next** topic.

3. Why Should You Invest

My final topic is on why you should invest in our new business. **There are** three **things to consider in** choosing a

용컴퓨터 이상으로 진화할 것으로 예측하고 있으며, 그 미래는 우리에게 이미 현실화되고 있습니다. S 법인의 최신 휴대폰이 그 좋은 예입니다. PDA식 모니터에, 300 메가픽셀 카메라와 PDA, 그리고 제가 방금 전에 언급했던 대부분의 사양을 갖추고 있습니다. 그러나 우리의 신형 휴대폰은 중앙처리장치(CPU)와 하드드라이브 역할을 동시에 하는 새로 개발된 칩을 사용해서 한 단계 높은 수준으로 끌어올릴 것입니다. 이는 가히 혁명적인 발전으로, 미래의 휴대폰 제조방식에 변화를 가져올 것입니다. 그런데, 신문에서 이런 발전에 관한 기사를 보신 적이 있을 겁니다. 종래의 칩과 우리의 칩에는 많은 차이점이 있습니다만, 기술면에서 저는 전문가가 아닌 관계로, 미스터 리가 몇 분 후에 우리 휴대폰의 기술적인 세부사항에 대해 프레젠테이션을 할 것입니다. 반면, 숫자에선 제가 전문가이니, 다음 주제로 넘어가도록 하겠습니다.

function 기능　**evolve** 진화하다　**revolutionary** 혁명적인　**conventional** 전통적인

3. 투자 이유

마지막으로 드릴 말씀은 왜 여러분이 우리의 신규사업에 투자해야 하는가에 관한 것입니다. 투자할 기업이나 프로젝트를 선택할 때 고려해야 할 점

company or a project to invest in; First, the supply and demand. Second, the growth potential. And third, the investment returns. First, let me explain about the supply and demand. Experts estimate that the demand for cell phones will grow by 30% annually for the next 10 years. On the other hand, we're forecasting a significant decrease in cell phone suppliers due to increasing competition. As you can see from this graph, the top 5 cell phone manufacturers account for 75% of all phones sold worldwide, and the rest of the pie is shared by twenty-some companies. According to the latest survey, in 10 years, only 5 or 6 cell phone manufacturers are expected to survive. This survey was based on interviews with 500 IT company CEOs, including CEOs of all cell phone manufacturers. As a result, we expect demand to greatly exceed supply.

4. Growth Potential

Next, I'll briefly summarize our growth potential. The pie chart on my left shows that we are currently the 5th largest supplier of cell phones. We expect demand for our new phone to increase significantly because of our new chip development. That means you can surely expect

이 세 가지 있습니다. 첫째 공급과 수요, 둘째 성장잠재력, 셋째 투자수익입니다. 먼저 수요와 공급에 대해 말씀드리겠습니다. 전문가들은 휴대폰 수요가 향후 10년 동안 매년 30%씩 증가할 것으로 예측하고 있습니다. 반면, 휴대폰 공급업체들은 치열해지는 경쟁으로 인해 크게 감소할 것으로 전망됩니다. 이 그래프에서 보듯, 상위 5위 휴대폰 제조사들이 전세계 휴대폰 판매량의 75%를 차지하고 있고, 나머지 부분은 20여 개 회사들이 나눠먹기를 하고 있습니다. 최근 조사에 따르면, 10년 후에는 단지 5, 6개의 휴대폰 제조사들만이 살아남을 것으로 예상됩니다. 이 조사는 모든 휴대폰 제조사의 CEO를 포함해, IT업체 CEO 5백 명의 인터뷰를 바탕으로 이루어졌습니다. 결과적으로 우린 수요가 공급을 훨씬 초과할 것으로 기대합니다.

return 수익, 이윤　**competition** 경쟁　**exceed** 초과하다

4. 성장잠재력

다음으로, 우리의 성장잠재력을 간략히 정리해보겠습니다. 제 왼쪽에 있는 파이차트는 우리가 현재 다섯 번째로 큰 휴대폰 공급업체임을 보여주고 있습니다. 우리는 새로운 칩 개발로 인해 우리의 신형 휴대폰에 대한 수요가 크게 증가할 것으로 기대합니다. 다시 말해, **Korea** 법인이 미래에는 정상의 공급업체가 될 것임을 확실히 예상할 수 있다는 뜻입니다. 이 점에 대해 두

Korea Corp. to be one of the top suppliers in the future. Let me illustrate this point with a couple of graphs. The vertical lines represent sales in millions of dollars, and the horizontal lines represent time in fiscal quarters. We should pay close attention to the top two manufacturers' sales in the last two years. Their sales have been falling steadily. Now, please take a look at the next graph, showing our sales trend. If you compare their sales trend, and ours, you can see why we're so confident about increasing our market share. The bar graph on the next slide shows our forecasted revenues and profits from this new venture. We expect revenues from new cell phones to increase 45% a year for the first 3 years, and profits to grow 35% annually. That's a whopping growth rate for any business.

5. Investment Returns

Third, and most importantly — your investment returns. We are planning to sell 35% of Korea Corp.'s shares to raise funds needed for this new project. And we plan to get listed on NASDAQ in three years. Depending on how we do, there are potentially great profits to be made on your initial investments. To make things more attractive

가지 그래프로 설명해보겠습니다. 세로축은 매출을 백만 달러 단위로 나타내고, 가로축은 회계분기로 나눈 시간을 나타냅니다. 우린 이 양대 제조업체의 지난 2년 동안의 매출에 세심한 주의를 기울여야 합니다. 그들의 매출은 지속적으로 줄어들고 있습니다. 자, 이제 우리의 매출추이를 보여주는 다음 그래프를 봐주십시오. 그들의 매출추이와 우리의 매출추이를 비교해보면, 왜 우리가 시장점유율이 높아질 거라고 그렇게 확신하는지 알 수 있을 겁니다. 다음 슬라이드의 막대그래프는 우리의 신규사업에서 발생할 예상 총수입과 수익을 보여주고 있습니다. 우리는 첫 3년 동안 신형 휴대폰 총수입이 연간 45% 증가하고, 수익은 매년 35% 증가할 것으로 기대합니다. 이 정도면 어떤 사업에서든 놀랄 만한 성장입니다.

fiscal quarters 회계분기　whopping 터무니없이 큰

5. 투자수익

셋째, 가장 중요한 것으로 여러분의 투자수익입니다. 우리는 이 신규 프로젝트에 필요한 자금을 조성하기 위해 Korea 법인이 보유하고 있는 주식지분의 35%를 매각할 예정입니다. 그리고 향후 3년 후에 나스닥에 상장할 계획입니다. 우리가 어떻게 하느냐에 따라, 여러분의 첫 투자에 돌아가게 될 엄청난 수익이 잠재해 있습니다. 여러분에게 보다 매력적인 투자가 되도록 하기 위해, 우리는 전환사채를 발행해 시장금리 수익금을 보장해드릴 것입

for you, we will be issuing convertible bonds so you will be guaranteed a market interest rate returns. Please take a look at the details of our finances in the business plan handouts in front of you.

III. Conclusion

So that concludes my part of the talk, and I am going to hand over the stage to Mr. Lee who will briefly summarize the technical aspects of our new phone. In closing, I would like to stress that Korea Corp. is committed to providing the highest return for its shareholders. Before I wrap up my talk, are there any questions about our new business?

니다. 여러분 앞에 놓인 사업계획 안내자료에서 우리의 자세한 재무상태를 봐주십시오.

initial 처음의   **convertible bond** 전환사채

III. 맺음말

이것으로 제 얘기를 마치고, 우리 신형 휴대폰의 기술적 측면을 간략히 정리해줄 미스터 리에게 이 자리를 넘기겠습니다. 끝으로 Korea 법인은 주주들에게 최고의 수익을 제공하는 데 전념하고 있음을 강조하고 싶습니다. 이야기를 마무리하기 전에, 우리의 신규사업에 대해 질문 있으십니까?

shareholder 주주

50문장 메모리 카드 — Presentation

01 Good afternoon. I'm delighted to introduce our new line of products today.
안녕하십니까. 오늘 우리의 신제품을 소개하게 되어 기쁩니다.

02 My name is John Walters, and I'm in charge of product design.
제 이름은 John Walters이며, 제품디자인을 담당하고 있습니다.

03 Let me explain the four musts of choosing a good overseas distributor.
좋은 해외배급자 선택시 필수사항을 네 가지 말씀드리겠습니다.

04 I've divided my talk into three parts; First, the overview of the project, then the financial aspects, and finally our projections.
말씀드릴 내용은 크게 3가지입니다. 첫째 프로젝트 개요, 둘째 재정적인 측면, 마지막으로 우리의 전망입니다.

05 This presentation will take about 20 minutes.
이 프레젠테이션은 20분 정도 걸릴 것입니다.

06 Please interrupt me at any time if you have any questions.
도중에 질문이 있으면 언제라도 말씀해주십시오.

07 I'm going to start with a brief overview of our core business.
우리의 핵심사업을 간단히 개관하는 것으로 시작하겠습니다.

08 Now that we've covered the advantages, let's move on to expenses.
지금까지 이점들을 짚어보았고, 이제 비용문제를 살펴보겠습니다.

09 Let's move on to the next part.
다음 장으로 넘어가겠습니다.

10 My final topic is on increasing output.
마지막으로 드릴 말씀은 생산량 증대에 관한 것입니다.

50문장 메모리 카드 — Presentation

11 I'll briefly summarize the main points of the takeover offer.
그 인수제안의 요점들을 간략히 정리해보겠습니다.

12 So that concludes the financial aspects of the project.
이것으로 프로젝트의 재정적인 측면을 마치겠습니다.

13 Before I wrap up my talk, are there any questions about our payment structure?
이야기를 마무리하기 전에, 우리의 지불구조에 대해 질문 있으십니까?

14 In closing, I would like to propose the following.
끝으로 다음과 같은 제안을 드리고 싶습니다.

15 According to the latest reports, we hold 25% of the auto market.
최신보고서에 따르면, 우리는 자동차시장의 25%를 점유하고 있습니다.

16 A good example of that is Japan's real estate bubble bursting.
일본의 부동산 거품 붕괴가 그 좋은 예입니다.

17 Experts estimate that crude oil prices could reach $50 a barrel.
전문가들은 원유가격이 배럴당 50달러에 이를 것으로 예측하고 있습니다.

18 If you compare their services and ours, you can see why we're better.
그들의 서비스와 우리의 서비스를 비교해보면, 왜 우리가 더 나은지 알 수 있을 겁니다.

19 Let me illustrate this point with some hard facts and figures.
이 점에 대해 몇 가지 실제사실과 수치로 설명해보겠습니다.

20 Please take a look at the pie chart on the screen.
스크린에 있는 파이차트를 봐주십시오.

50문장 메모리 카드   Presentation

21 As you can see from this graph, our profit's been increasing steadily.
이 그래프에서 보듯, 우리의 수익은 꾸준히 증가하고 있습니다.

22 The bar graph on the right shows our export revenues.
오른쪽 막대그래프는 우리의 수출 총수입을 보여주고 있습니다.

23 The vertical line represents the market share, and the horizontal line represents sales volume.
세로선은 시장점유율을 나타내고, 가로선은 판매량을 나타냅니다.

24 The next step will be finding appropriate construction sites.
다음 단계는 적합한 건축 부지를 찾는 것입니다.

25 By the way, you may have seen articles about this project.
그런데, 아마 이 프로젝트에 대한 기사를 보신 적이 있을 겁니다.

26 This survey was based on interviews with 500 executives.
이 조사는 경영간부 5백 명의 인터뷰를 바탕으로 이루어졌습니다.

27 If you look at this chart, you'll see our target markets.
이 차트를 보면 우리의 주력시장을 알 수 있습니다.

28 On the other hand, their beers are much more bitter than ours.
반면, 그들의 맥주는 우리보다 맛이 훨씬 더 씁니다.

29 Depending on how the customers react, there are a few steps we can take.
고객들의 반응이 어떤가에 따라, 우리가 택할 수 있는 단계들이 몇 가지 있습니다.

30 There are three things to consider in choosing the site; first, transportation, second, labor costs, and third, local and state taxes.
장소를 고를 때 고려해야 할 점이 세 가지 있습니다. 첫째 교통, 둘째 인건비, 셋째 지방세와 주세입니다.

50문장 메모리 카드　　　　　　　　　　　　　　　　　　　Presentation

31 Contrary to popular belief, we expect significant growth in our industry.
통념과는 반대로, 우리는 우리 업계에서의 눈부신 성장을 기대하고 있습니다.

32 There are many differences between their product and ours.
그들의 제품과 우리의 제품에는 많은 차이점이 있습니다.

33 That means we can expect our market share to improve.
다시 말해, 우리의 시장점유율 상승을 기대할 수 있다는 뜻입니다.

34 We should pay close attention to interest movements.
우린 이자의 변동에 세심한 주의를 기울여야 합니다.

35 As a result, we were able to grow 25% annually.
결과적으로 우린 매년 25% 성장할 수 있었습니다.

36 We expect demand to increase 50% over the next few years.
우리는 수요가 몇 년 안에 50% 증가할 것으로 기대합니다.

37 We're forecasting a significant decrease in our exports to South America.
남미로의 수출은 크게 감소할 것으로 전망됩니다.

38 Our agricultural products account for 25% of our sales.
우리의 농산품은 판매의 25%를 차지합니다.

39 Incredibly, our profits grew two-fold annually for the past ten years.
놀랍게도 우리의 이익은 지난 10년간 매년 두 배 증가했습니다.

40 Consumer spending fell drastically last year.
소비지출이 지난해에는 현저히 줄었습니다.

50문장 메모리 카드   **Presentation**

41 We are a leading biochemical products manufacturer in Asia.
우리는 아시아에서 손꼽히는 생화학제품 제조업체입니다.

42 Korea Tires was established in 1995.
Korea Tires는 1995년에 설립되었습니다.

43 We specialize in educating and training English teachers.
우리는 영어교사 교육과 양성을 전문으로 합니다.

44 We have been in this industry for more than 10 years.
우리는 이 산업에 10년 넘게 종사해왔습니다.

45 K Corp. is committed to providing the highest quality high-end products for women.
K 법인은 최상급 품질의 최고급 여성용 제품을 제공하는 데 전념하고 있습니다.

46 The Korea Group consists of seven autonomous companies.
Korea 그룹은 7개의 독립계열사들로 이루어져 있습니다.

47 Our revenue reached $575 million in 2003–a 45% increase over the past year.
우리의 순이익은 2003년에 5억 5천 5백만 달러에 도달하여, 전년도 대비 45% 증가했습니다.

48 We expect our revenue to grow by 27% annually.
우리의 총수입은 매년 27%씩 신장될 것으로 기대됩니다.

49 Korea Group's goal is to become the leading tire manufacturer.
Korea 그룹의 목표는 정상급 타이어 제조업체가 되는 것입니다.

50 We are planning to expand into North American markets in the near future.
우리는 조만간 북미시장에 진출할 계획입니다.

50문장 시리즈 교재가 끝이 아닙니다

www.itomato.co.kr

토마토 온라인 강의 itomato로 완전 정복하세요!

직장인의 필수 스킬 메일작성, PT, 회의, 토론, 협상 50문장만 제대로 알면, 내 연봉이 달라집니다

메일작성	PT	회의	토론	협상

50,000원	50,000원	50,000원	50,000원	50,000원

온라인 강의 7일 체험권 증정

EBS 인기 강사, 영어전문 강사진 직강

 Rich Scott-Ashe
 박종홍
 이지윤
 레이한
 Roc Lee
 이현석

How to use

온라인 강의 7일 체험권
itomato 로그인 〉 My 토마토 〉 결제정보 〉 수강권 등록
온라인 강의를 7일간 마음껏 수강하세요. (50문장 시리즈 中 택1)
인증번호: CWGA-1654-ACVJ-4240

다양한 무료 콘텐츠
토익 Speaking 사진묘사, 토익 LC 나라별 발음듣기 등
무료 콘텐츠가 매일매일 제공됩니다

Daily 학습메일 서비스
토마토 회원에게 제공되는 학습 서비스
풍성한 혜택의 이벤트, Daily 문제, 알짜 취업 정보를 보내드립니다

itomato 고객센터 02) 3774-6566